時兆文化

U0077551

論 城市 佈道

MINISTRY To The CITIES

那些在各城中為上帝工作的人，必須本著信心前進，盡力而為。
當他們警醒、作工和祈禱時，上帝就會垂聽和應允他的請求。

懷愛倫 著
李少波、吳滌申 譯

得以將福音傳到你們以外的地方；
並不是在別人界限之內，
藉著他現成的事誇口。
因為蒙悅納的，
不是自己稱許的，乃是主所稱許的。(林後 10:16,18)

懷愛倫對城市及鄉村最早的呼籲……

城市與鄉村都是上帝葡萄園的一部分，必須盡力作工，不可忽略。撒但企圖介入，令工人們灰心喪膽，阻止他們在繁華都會區中，像在偏僻的小地方一樣，傳揚光明和警告的信息。他竭力使眾人離開上帝的真理，親近虛謊。天上的使者奉命來與上帝所指派的使者合作。傳道人必須像他們永活的元首基督那樣鼓起信心和希望。他們必須在上帝面前保持謙卑痛悔的心。要堅定不移地相信上帝的應許。──《文稿》1874年第1號（參《教會證言》卷七，34，35頁）{MTC 5.1}

前言

〈詩篇〉第48篇常被視為城市居民的〈詩篇〉第23篇。主「在我們上帝的城中⋯⋯該受大讚美。」（1節）上帝在城中才使那城居高華美，「大君王的城，⋯⋯為全地所喜悅。」（2節）上帝竟能如此認同地上的一座城，這應該使我們留心透過上帝的眼光看到今日各城的潛力。{MTC 9.1}

可是城市卻常常起來反對上帝。這類城市在《聖經》寫作時代常居於統治地位。耶穌、摩西、大衛、但以理和多數聖經先知都不得不與城市打交道。其中有些城很大。尼尼微是「極大的城，有三日的路程」（拿3:3），「其中不能分辨左手右手的有十二萬多人」（拿4:11）。巴比倫的城牆約有16公里，裡面有主要的人口和巨大的建築，包括古代世界七大奇蹟之一——即新約時代以弗所城的主要幹線——著名的阿卡迪亞娜大道，其沿路都有路燈。羅馬、亞歷山大港、安提阿、雅典、哥林多、書珊和底比斯都是聖經時代的大城市。{MTC 9.2}

保羅是基督教向羅馬帝國各主要城市宣教的先鋒傳道士。彼得、腓利、亞波羅和其它基督教領袖也曾在各城傳道。那些習慣性認為城市是邪惡之地的人應該記住，約翰在異象中看到上帝最終的旨意是要人類住在一座無比榮耀和喜樂的城裡。{MTC 9.3}

耶穌在地上行走時，曾「走遍各城各鄉，」施教、傳道、醫治人。祂對眾人深感同情：「祂看見許多的人，就憐憫他們；因為他們……如同羊沒有牧人一般。」(太9:35,36) 當今世界的大部分人口都住在城市裡。難道耶穌對他們的關懷會不及祂對兩千年前城市居民的關懷嗎？怪不得懷愛倫得到那麼多關於城市的勉言，以裝備教會進行全面的城市佈道事工。然而她關於城市工作的指示卻不及她為鄉間地區所發的呼籲那麼廣為人知。1946年簡要編輯的《鄉村生活》使那些呼籲得到了應有的關注。這本《論城市佈道》作為《鄉村生活》的補充，是要幫助讀者明白上帝為城市佈道事工制定的計畫。本書在懷愛倫著作託管委員會的辦公室編制，不僅摘自懷愛倫的文章、書籍和小冊，還取材於她的信函和文稿。本書雖非懷愛倫關於城市工作勉言的詳盡彙編，卻是這方面內容的精選，信息量很大，涵蓋了懷愛倫就教會及其向世界各城佈道所得到的許多指示。為幫助讀者理解，本書中註明了年代。信函和文稿的年代指寫作年代，其它資料的年代指初次發表的年代。所引用的《教會證言》1-5卷，指早期以小冊的形式發表的證言。{MTC 9.4}

自從懷愛倫寫下她最後的勉言以來，已經過去一百多年了。在有些方面我們今日所面對的狀況與她面對的有所不同。讀者應記得在為現今的工作制定計畫時，須考慮時間、地點和其它因素。環境雖或有了改變，處理的方法也可能有所不同，但這些勉言背後的原則卻仍是一樣。這些原則應該指示和引導我們努力面對今日的挑戰。{MTC 10.1}

基督復臨的時候既然臨近，懷愛倫的話就顯出了新的重要性：「城市的工作現在至關重要。當我們按照上帝的指示為城市工作時，就會形成一個我們從來沒有見過的強大運動。」(《醫療佈道論》304) 我們盼望並祈願這本《論城市佈道》能幫助讀者更努力地實行我們所領受的勸勉，更有效地向城市傳揚基督的末日信息。{MTC 10.2}

懷愛倫著作託管委員會
2012年於馬里蘭州銀泉市

MINISTRY
To The
CITIES

目錄

1 │ 聖經關於城市佈道的教訓

舊約時代

洪水以前的世界——以諾

城市佈道最早的榜樣——以諾與上帝同行，但他沒有居住在……充滿各樣兇暴及罪惡所污染的城市中。——《文稿》，1903年第94號（《佈道論》78）{MTC 11.1}

以諾沒有與惡人住在一起——以諾沒有與惡人住在一起。……他讓自己和家庭儘可能處在純潔的氣氛之中。有時他帶著上帝所託付的信息前往世界的居民那裡。……他傳完信息以後，總是把一些接受警告的人帶回他退隱之處。——《文稿》，1900年第42號（《主必快來》，184）{MTC 11.2}

以諾的方法應成為我們的方法——要制定聰明的計畫，以便……儘可能有利地完成工作。由於大城市中的罪惡不斷增多，我們就不得不從鄰近村落的中心點，對城市做更多的事工。這就是以諾在洪水前作工的方式，那時罪惡在各區居民之間風行，地上滿了強暴。——《評論與通訊》，1906年9月27日{MTC 11.3}

所多瑪

亞伯拉罕的祈禱是出於憐愛生靈之心——羅得雖然住在所多瑪，卻與城中

居民的罪孽無關。亞伯拉罕認為在那人口稠密的城中必有其它敬拜真神的人。因此他懇求說：「將義人與惡人同殺，⋯⋯這斷不是你所行的；審判全地的主，豈不行公義嗎？」(創18:25) 亞伯拉罕不僅求一次，而是求了許多次。主每次允准他的祈求，他就越發膽壯，不斷地懇求，直到上帝應許他，若在那裡能找到十個義人，也不毀滅那城。{MTC 11.4}

亞伯拉罕的祈禱是出於一顆對將死之人發出憐愛之心。他雖然憎惡城中腐敗的罪惡，但他仍希望罪人可以得救。他對於多瑪所表示的深切關懷，乃是我們向不悔改的人應有的熱心。我們應當恨惡罪惡，卻要憐愛罪人。在我們周圍盡是走向淪亡的人，就如所多瑪所遭遇的淪亡一樣無望、可怕。每天總有一些人的寬容時期屆滿，無論何時總有一些人走到上帝慈憐所不能及的地步。何處有警告和勸勉的聲音，囑咐罪人逃離那可怕的厄運呢？何處有伸出的手，把他們從死亡之中拉回來呢？何處有謙卑和堅信的人，在上帝面前為他們代求呢？——《先祖與先知》139,140 (1890) {MTC 12.1}

基督徒能對城市發揮重大的影響——上帝既願為十個義人的緣故不毀滅所多瑪，若是每一個自稱信奉基督之名的人也披上基督的義，上帝子民的忠心就會對於向善之心產生何等巨大的影響！——《時兆》1895年5月2日《一同在天上》104) {MTC 12.2}

尼尼微

許多人會回應上帝的召喚——尼尼微人雖然已變得那麼邪惡，但還沒有完全沉溺於罪惡之中。上帝「看見一切的世人」，並「看見各樣寶物」(詩33:13;伯28:10)。祂也看見尼尼微城中有許多人在追求更高尚、更善良的生活。這些人只要得到認識永生上帝的機會，就會放棄惡行，敬拜真神。因此上帝憑祂的大智慧，以確切的方式向他們顯示，盡可能地引領他們悔改。{MTC 12.3}

被上帝揀選來做這一項工作的器皿，就是亞米太的兒子，先知約拿。耶和華的話臨到他說：「你起來往尼尼微大城去，向其中的居民呼喊；因為他們的惡達到我面前。」(拿1:1-2) ⋯⋯{MTC 13.1}

約拿進了城，便立即「宣告」信息說：「再等四十日，尼尼微必傾覆了。」

（拿3:4）他從這條街走到那條街，揚聲宣布警告。{MTC 13.2}

所宣告的這道信息沒有歸於徒然。約拿在這邪惡城市的街道上所發出的喊聲由眾人傳開，直到全城的居民都聽到了這驚人的宣告。上帝的靈用這一道信息打動了眾人的心，使成群的人因自己的罪而恐懼戰兢，虛心自卑，憂傷痛悔了。——《先知與君王》265,270（1917）{MTC 13.3}

耶路撒冷—— 約西亞王的復興

領袖的影響不容低估——約西亞王只能把將來的事交給上帝。他絕不能更改耶和華的永恆旨意。但上帝在宣布上大的判決時，還留給他們悔罪和改變的機會，約西亞既在這些話中看出上帝願意在降罰的時候還「以憐憫為念」（哈3:2），就決心盡力執行徹底的改革。他立時招聚耶路撒冷和猶大的一切長老和官員，連同一般平民，舉行一次大會。這些人同祭司和利未人聚集在聖殿院內，朝見國王。{MTC 13.4}

國王親自在這個龐大的會眾面前，將「耶和華殿裡所得的約書念給他們聽」（王下23:2）。約西亞的內心深深被觸動，故從傷痛的心靈裡湧出熱烈的情感來。聽眾大為感動。王的表情和當日信息本身的嚴肅性，以及那有關即將臨身之刑罰的警告—— 這一切都發揮了相當的作用。於是有許多人決心和王一同尋求上帝的赦免。{MTC 13.5}

這時約西亞向一些最高的官員建議，要他們和眾民一同在上帝面前鄭重地立約，合作執行徹底的改革。「王站在柱旁，在耶和華面前立約，要盡心盡性的順從耶和華，遵守祂的誡命、法度、律例，成就這書上所記的約言。」群眾的熱烈回應遠超過王所期望的。「眾民都服從這約。」（王下23:3）{MTC 14.1}

在隨後而來的改革中，國王專心致力於消滅邪教的一切痕跡。當地的居民既已長期隨從四圍列國的風俗，去跪拜木偶石像，看來人的力量似乎不可能剷除這些罪惡的所有遺跡。但約西亞仍不折不撓地進行潔淨全地的工作。他採取嚴屬的措施對付偶像崇拜，殺了「邱壇的祭司」；「凡猶大國和耶路撒冷所有交鬼的、行巫術的，與家中的神像和偶像，並一切可憎之物，約西亞盡都除掉，成就了祭司希勒家在耶和華殿裡所得律法書上所寫的話。」（王下23:20,24）

——《先知與君王》400,401 (1917)｛MTC 14.2｝

新約時代

基督使命的憲章

走入民眾之中——這福音的使命乃是基督國度對外佈道的大憲章。門徒要努力救人，將這慈悲的邀請傳給眾人。他們不可等待人來找他們，乃是要帶著這個信息到他們那裡去。——《使徒行述》28 (1911)｛MTC 14.3｝

基督在地上的工作說明了福音的使命——基督本是福音的亮光和生命。祂成了肉身，住在我們中間。祂向人類表示同情，給飢餓的人飯吃，醫治患病的人，走遍各城鎮行善。我們所有的工作都必須在基督裡進行。祂的門徒既與祂的性情有份，就要做祂的工作。基督為人類的服務說明了祂交給門徒的偉大使命：「你們往普天下去，傳福音給萬民聽。」(可16:15)——《文稿》1908年第1號（《懷愛倫文集》5:213,214）｛MTC 15.1｝

大教師耶穌

耶穌言傳身教——耶穌訓練祂的門徒也是藉著個人的接觸和溝通。有時候在山邊之地，祂坐在他們中間教導他們。有時候在海邊或行在路上，祂向他們顯示上帝之國的奧秘。祂不像有些人那樣呆板地念經說教。無論何處，只要有人敞開心門接受上帝的信息，祂就將得救之道的真理解明。祂並不命令門徒做這做那，只說：「來跟從我。」祂旅行各城各鄉，總是帶他們同去，使他們可以看祂怎樣教訓人。祂與他們唇齒相依，他們就在工作上與祂聯合了。——《歷代願望》152 (1898)｛MTC 15.2｝

耶穌與祂所服務的人打成一片——基督在地上傳道的時候，就已經開始拆毀猶太人與外邦人之間的隔牆，向全人類宣講救恩。祂雖然是猶太人，但祂卻與撒瑪利亞人來往，完全不顧猶太人對這個被輕視之民族持有的法利賽式偏見。祂與他們同住，同吃，在他們的街道市井中教訓人。——《使徒行述》19 (1911)｛MTC 15.3｝

耶穌選擇迦百農是因為它的佈道前景——救主在世傳道時，常抓住機會在多人往來的交通大道上作工。基督周遊各處時，常住在迦百農，甚至後來迦百

農便被稱為「祂自己的城」。迦百農城就坐落在從大馬士革到耶路撒冷、埃及、一直到地中海的陸地之上,是客商行旅必經之地。救主把該城作為祂工作的中心確實很合適。來往的旅客要經過此城、或在城裡駐足休憩。耶穌就在這裡與各國的人,不論富貴貧賤,頻繁地接觸,祂的教訓因而傳到國內外的千家萬戶,引起多人查考預言的興趣和對救主的注意。這樣,祂的工作就擴及世界萬邦了。——《教會證言》卷九121(1909){MTC 16.1}

新約的城市

耶路撒冷

在各種環境下傳福音——基督告訴門徒說,他們要在耶路撒冷開始工作。這個城市是基督為人類捨己犧牲的所在。在那裡,祂曾披著人性與人類同行共話,而很少人體會到天離地是多麼近。在那裡,祂曾被定罪,並被釘在十字架上。在耶路撒冷有不少的人暗中相信拿撒勒的耶穌就是彌賽亞,但也有很多人受祭司和官長們欺矇。福音必須傳給這一等人。他們要聽見悔改的呼喚聲,即惟有靠著基督才得救罪的奇妙真理要向他們說明。正當耶路撒冷因過去幾週所發生的驚人大事而全城轟動時,門徒的講論必能造成最深刻的印象。——《使徒行述》31,32(1911){MTC 16.2}

門徒把救靈工作的收穫看成別人的功勞——在這猶太教的堡壘耶路撒冷中,竟有成千的人公然承認拿撒勒人耶穌為彌賽亞。{MTC 17.1}

門徒對於這次救靈工作的大收穫不禁大喜過望。他們沒有把這次奇妙的成績看為自己努力的結果。他們認明自己是在享受他人勞苦的果實。——《使徒行述》44(1911){MTC 17.2}

敘利亞的安提阿

「基督徒」的稱呼源於以基督為中心的城市見證——保羅在人口稠密的安提阿找了良好的工作園地。他的學問、智慧和熱忱,在那文化中心的居民和旅客身上發揮了強大的感化力,顯明了他正是巴拿巴所需要的助手。這兩個門徒同心合意從事傳道長達一年之久,結果許多人因認識這世上的救贖主拿撒勒人耶穌而得救。{MTC 17.3}

信徒被稱為「基督徒」就是在安提阿開始的。他們得到這個稱呼，乃是因為基督是他們傳道、教訓和談話的中心。——《使徒行述》156,157（1911）{MTC 17.4}

城市教會的成員應當與別人一同服務——安提阿的基督徒所留下的榜樣，應當鼓舞每一個住在現代世界上各大都市中的信徒。上帝的旨意固然是要在各大都市中，指派特蒙揀選的一些獻身而有才幹的工人，去領導大規模的佈道會，但祂的旨意也要那些住在這些城市中的教友，運用上帝賜給他們的才幹努力救人。上帝有豐富的恩典要預備賜給一切全然獻身答應祂呼召的人。當這一等工人努力領人歸主的時候，他們必要發現，許多難以用各種方法接近的人，若是用有智慧的方式去個別地加以引領，卻是能感化對方的。{MTC 17.5}

今日，上帝在地上的聖工正需要聖經真理的活代表。僅靠牧師們去傳道不能滿足警告各大都市的工作需要。今日上帝不但呼召傳道人，也在呼召醫生、護士、書報員、聖經教師、和其它獻身而明白聖經，並體驗祂恩典之能力的平信徒，來關心許多還沒有聽到警告之城市的需要。時間稍縱即逝，但我們所要完成的工作是如此多！我們必須運用一切的機能，聰明地利用當前的機會。——《使徒行述》158,159（1911）{MTC 18.1}

在小亞細亞中部各城組織的教會

教會的建立穩定了新信徒——在保羅被眾人以石頭攻擊的第二天，兩位使徒便動身往特庇去。在那裡他們的工作大蒙上帝的賜福。許多人接受了基督為救主。但在保羅和巴拿巴「對那城裡的人傳了福音，使好些人作門徒」之後，他們二人都不願就此直接到別的地方去，而是先回到他們新近作工的地方，去堅固那些他們不得不暫時離開之信徒的信心。因此他們不顧危險，「就回路司得、以哥念、安提阿去，堅固門徒的心，勸他們恆守所信的道。」（徒14:21、22）這些地方有許多人因接受了福音的信息而常遭人辱罵反對。使徒們設法使這些人在信仰上堅立，使他們所作的工不致歸於徒然。{MTC 18.2}

使徒們非常注意以福音的秩序來護衛新近悔改的人，作為他們靈性長進的重要因素。他們在呂高尼和彼西底等地、凡有信徒的市鎮中組織了教會。每

一個教會也選派了若干職員，並建立了相當的系統與規律，來執行一切有益於信徒屬靈增長的事宜。——《使徒行述》185（1911）{MTC 18.3}

帖撒羅尼迦

保羅教導以聖經為基礎的真理——當保羅以聖潔的勇氣在帖撒羅尼迦的會堂中宣講福音時，便有充分的亮光照明聖所服事之儀式的真義。他使聽眾不但思考地上的服事和基督在天上聖所的工作，也仰望基督完成祂作中保的工作之後，帶著權柄和大榮耀降臨，在地上建立祂國度的時刻。保羅是篤信基督復臨的；他對於這件事所陳述的真理是那麼清楚有力，以致聽眾之中有許多人對此就有了永遠不能磨滅的印象。{MTC 19.1}

保羅一連三個安息日向帖撒羅尼迦人傳道，根據聖經向他們辨證「創世以來……被殺之羔羊」基督的生、死、復活、祂的職分和將來的榮耀（啟13:8）。他高舉了基督，因為人惟有正確地認識祂的工作，才能接受舊約中的寶貴真理。{MTC 19.2}

當保羅在帖撒羅尼迦大力宣講福音的真理時，這福音吸引了廣大聽眾。「他們中間有些人聽了勸，就附從保羅和西拉；並有許多虔敬的希臘人，尊貴的婦女也不少。」（徒17:4）——《使徒行述》228,229（1911）{MTC 19.3}

雅典

教外人士不可忽視——保羅在等待西拉和提摩太的時候並不是閒懶的。他「在會堂裡，與猶太人和虔敬的人，並每日在市上所遇見的人辯論」（徒17:17）。但是他在雅典城主要的工作，是要將救恩的信息傳給那些不認識上帝，不明白祂對於墮落人類所有旨意的人。保羅很快就要在這裡遇見最詭譎、誘人的一種異教。——《使徒行述》234,235（1911）{MTC 19.4}

對智者和知識分子佈道——因此他們（當地的主要哲學家）把保羅帶到亞略巴古。這是全雅典一個最神聖的場所。一想到這個地點，就使人不自主的生出迷信般的尊崇，甚至有些人會生出畏懼的心理。凡有關宗教的事宜，都要在這個地方予以慎重的考慮，一切有關道德和政治的重大問題，都由那些裁判的人作最後決定。{MTC 20.1}

這裡遠離街道熱鬧的喧囂，也沒有嘈雜辯論的騷亂，所以使徒的話能毫無干擾地被眾人聽到。在他旁邊聚集了一班詩人、藝術家、和哲學家——雅典的學者和哲士。他們對他說：「你所講的這新道，我們也可以知道嗎？因為你有些奇怪的事，傳到我們耳中；我們願意知道這些事是什麼意思。」（徒17:19、20）——《使徒行述》236（1911）{MTC 20.2}

當地的文化影響保羅的信息——保羅舉手指著那滿置偶像的廟宇，傾吐了他心裡的話，並說明了雅典人所信奉宗教的虛妄。聽眾中連最有智慧的人聽到他的理論也不勝驚愕。他表明自己熟悉他們的美術、文學和宗教。他指著他們的雕刻和偶像，說明上帝絕不能比作人所設計的形象。這些雕刻的神像無法替代那無窮之主的榮耀於萬分之一。他提醒他們說，這些神像是沒有生命的，而是受人力支配的，不借人手它就不能移動；所以那些敬拜偶像的人無論在哪一方面，都比他們所敬拜的偶像高出一籌。{MTC 20.3}

保羅引導那些敬拜偶像的聽眾，使他們的心超越虛假宗教的圍籬，轉而注目上帝，就是他們所稱為「未識之神」的上帝。——《使徒行述》237（1911）{MTC 21.1}

哥林多

效果不彰就改變方法——第一世紀的哥林多不但是希臘化城市，也是歐西世界的主要都市之一。它的街道上滿是希臘人、猶太人和羅馬人，以及來自各地的外客。這些人都在殷勤地從事商業活動或享樂。這個大型商業中心坐落在羅馬帝國四通八達的樞紐地區，所以也是為上帝和祂真理建立「紀念」的重要地點。{MTC 21.2}

在那些居住在哥林多的猶太僑民中，有亞居拉和百基拉。這兩個人後來成為基督殷勤、傑出的工人。保羅既認識到他們的為人，就「投奔了他們」。{MTC 21.3}

保羅在這個交通中心一開始工作，就處處遇到嚴重的阻礙。全城的居民幾乎都是迷信偶像的。最受人崇敬的乃是維納斯女神；而敬拜這女神的禮節之中，涉及了許多荒淫的儀式。就是在異教人看來，哥林多人也是極端邪淫的。

除了當前的宴樂之外，他們似乎什麼也不顧。{MTC 21.4}

　　保羅在哥林多傳福音所用的方法和他在雅典作工的方法不同。在雅典，他曾設法使自己的傳道法迎合聽眾的心理；他曾用邏輯說明邏輯，用科學解釋科學，用哲學回應哲學。後來他回想自己在這些事上所耗費的光陰，就認識到自己在雅典的傳道工作並沒有結出多少果效，故此決定在哥林多採取另一種工作方式，以便吸引一般不關心、不注意真理的人。他決定避免複雜的辨證和議論，而在哥林多人中間「不知道別的，只知道耶穌基督，並祂釘十字架」。他決定不用「智慧委婉的言語，乃是用聖靈和大能的明證」(林前2:2，4)。{MTC 22.5}

　　保羅打算向哥林多的希臘人傳耶穌為基督，而這位耶穌乃是出身卑微、生長在惡名昭彰之村中的猶太人。祂曾被自己的百姓所棄絕，最後被當作罪犯釘在十字架上。希臘人固然承認人類需要受造就，但他們認為使人類達到真正高貴的方法，乃是藉著哲學與科學的研究。保羅能不能使這些人相信，人若深信這位不起眼的猶太人具有大能力，就能使人的力量得到提升、變成尊貴呢？{MTC 22.1}

　　在現代的許多人看來，髑髏地的十字架足以引起許多神聖的回憶。基督釘十字架的這一幕景象，總是意味著許多屬靈的真理。但在保羅的時代，一般人對於十字架卻是非常厭惡而懼怕的。若說人類的救主是一個死在十字架上的人，勢必引起眾人的嘲笑和反對。{MTC 22.2}

　　保羅清楚地知道哥林多的猶太人和希臘人將會如何看待他所傳的信息。他承認：「我們……傳釘十字架的基督，在猶太人為絆腳石，在外邦人為愚拙。」(林前1:23) 在猶太人中有許多人聽了保羅所傳的信息一定會被觸怒。而在希臘人看來，他的話也必是徹頭徹尾的妄言。他若說十字架與造成或拯救人類的事有任何關係，眾人必定視他是癡人說夢了。——《**使徒行述**》243-245 (1911) {MTC 22.3}

　　人要藏在上帝身後——保羅的工作不止向眾人作公開的演講，因為有許多人是不能用這種方法接近的。他在拜訪的工作上也用了不少工夫，藉此常在

家庭的小範圍裡與人親密來往。他拜訪了患病和憂傷的人，安慰了受苦的人，並扶持了受壓迫的人。在他一切所講的話和所行的事上，他都尊耶穌的名為大。他就是這樣地作工，「又軟弱，又懼怕，又甚戰兢。」(林前2:3) 他惟恐自己的教訓會突顯人，而不是彰顯神的榮耀。——《使徒行述》250 (1911) {MTC 22.4}

最墮落的人變成上帝大能的有力見證——保羅在哥林多的努力是有成效的。許多人轉離了偶像去事奉永生的上帝，並有一個很大的教會立在基督的旌旗之下。有一些是從外邦最放蕩的人之中拯救出來的，結果為上帝的憐憫和基督寶血洗淨罪惡的大能，作了有力的見證。——《使徒行述》252 (1911) {MTC 23.1}

以弗所

遭到激烈反對就改變地點——保羅照他素常的規矩，在以弗所一開始工作就先到猶太人的會堂講道。他繼續在那裡工作，一連三個月，「辯論上帝國的事，勸化眾人。」他起先受到歡迎，但不久也像其它地區一樣，遭到激烈的反對。「有些人心裡剛硬不信，在眾人面前毀謗這道。」(徒19:8、9) 當他們堅決拒絕福音時，保羅就不再在他們的會堂裡講道了。{MTC 23.2}

上帝的靈已經在保羅為他同胞的工作上與他同工，並藉著他作工。凡誠心願意明白真理的人，已有充足的憑據賜下並勸服他們。——《使徒行述》285 (1911) {MTC 23.3}

羅馬

已經建立的教會要培植新的教會——保羅最大的宿願就是看到基督的信仰樹立在那歐西世界的中心。那時在羅馬已有教會建立，所以保羅希望得到當地信徒的合作，以完成他所期望的聖工。這些同道弟兄既是他所不認識的，為了能在將來到他們中間做準備工作，他就給他們寫了一封信，說明他打算訪問羅馬，並希望得到他們的幫助，在西班牙樹立起十字架的旗幟。——《使徒保羅傳》187 (1883) {MTC 23.4}

保羅被囚後依然作見證——當時羅馬城乃是歐西世界之都。傲慢的凱撒皇帝幾乎為地上的每一個國家制定法律。這些君王和朝臣不是未曾聽過拿撒

勒人耶穌，就是以仇恨和嘲笑看待祂。可是不到兩年，福音竟從囚犯的牢獄一直傳到帝國的宮廷裡。保羅雖然被捆綁，像作惡的人一樣；「然而上帝的道卻不被捆綁。」(提後2:9) ——《使徒行述》262 (1911) {MTC 24.1}

官員能幫助傳道工作——由於那些看管保羅之人對他的特殊待遇，他特蒙准許住在一所寬大的房子裡，得以自由接見朋友，也可每天對那些來聽的人講說真理。他這樣持續工作達二年之久，「放膽傳講上帝國的道，將主耶穌基督的事教導人，並沒有人禁止。」(徒28:31) ——《使徒行述》453 (1911) {MTC 24.2}

位高權重之信徒悔改後仍在原來崗位作見證——凱撒政權裡不但有人悔改相信真理，而且他們在悔改之後，依然留在宮中。他們並沒有因為環境與他們的信仰不合而離開原來的崗位。他們在哪裡相信真理，就仍舊留在那裡，藉著生活和品格的改變為這新信仰改變人心的能力作見證。——《使徒行述》466 (1911) {MTC 24.3}

2 | 當代的一項重要工作

以上帝的眼光為我們的眼光——惟願我們能像上帝那樣看出這些城市的需要！在現今這世代，每個人都要作工。主要來了，末日已臨近，而且甚快！再過不久，我們就不能像現在這樣自由地作工了。可怕的景象已在我們面前，凡我們所做的必須快快地做。——《教會證言》卷九101（1909）{MTC 25.1}

許多人沒有救靈的負擔——各地的教會受到上帝光照後，就應立即到各大城市去作工；可惜許多人尚未為別人的靈性擔負起責任。撒但既發現他們易受引誘，就乘機破壞了他們基督徒的經驗。上帝吩咐祂的百姓要悔改、洗心革面、恢復起初的愛心，就是他們那因沒有跟從自我犧牲之救贖主而喪失了的愛心。——《教會證言》卷九140（1909）{MTC 25.2}

太少關注城市——且看這些城市和他們對於福音的需要！二十多年以來，許多城市對於熱心工人的需要，常在我面前，有誰為那些大城市有負擔呢？固然有少數人已經感悟到這重責大任，但是若要和這麼大的需求、這麼多的機會相比較，我們對於這項工作的關注實在是太少了！——《教會證言》卷九97,98（1919））{MTC 25.3}

城市工作遠遠落後於上帝的計畫——進入大城市作工，仍然是我們的一項

重要任務。多年以來，主一直催促我們負起這個責任，然而我們看見在大城市裡的工作少有成就。如果我們不毅然決然地負起這項工作，撒但就會製造出種種難以克服的困難。在這些久被疏忽的城市中，我們還遠遠尚未成就應做的工。現在在都市開展聖工比過去更加困難。可是如果我們奉主的名負起工作，障礙就會被除去，我們就會取得決定性的勝利。──《信函》1909年第148號（《醫療佈道論》301）{MTC 25.4}

需要為城市獻上懇切的禱告和努力──我們對未得救之人所擔負的責任太少了！世界從來沒有像現在這樣需要我們。我們周圍盡是未受警告的城市。生靈正在滅亡，我們在做什麼呢？我們需要對這些生靈有負擔，但我們許多人卻從未體驗過這樣的負擔。……{MTC 26.1}

我們一點也不相信這些真理。我們若是相信，就會見到更多的祈禱和更殷勤的努力，要把這些真理傳給各城的居民。上帝如今正呼召我們在各城中展開強而有力的工作。──《文稿》1910年第23號{MTC 26.2}

城市工作不可耽擱──我奉命傳給當代信徒的信息是：要毫不猶豫地為城市工作，因為時間不多了！主在過去二十年裡一直把這工作擺在我們面前，在少數地方已做了一點工作，然而還有更多的工需要做。我晝夜身負重擔，因為關於上帝將要降在干犯祂律法之人身上的判決，我們竟鮮少向大都市的居民發出警告。──《信函》1909年第168號（《醫療佈道論》300）{MTC 26.3}

要迅速傳揚信息──主指示我看到有一項工作必須要在各城中做成的，但幾乎還沒有開始做。在城市中作工的這個問題，要成為我們當前的問題。我們現在不要制定長期的工作計畫，而是要迅速的傳揚信息。我們在執行救主對城市工作指定的責任上已耽延許久，使接觸各階層人士的工作變得更加困難。所以我們必須立刻行動。主需要獻身的工人，他們會按照祂所賜的亮光付出所有的努力。──《信函》1909年第42號（《懷愛倫文集》17:37）{MTC 26.4}

到處都需要工人──無論是在擁擠的城市、鄉村、或鄉間小道上，上帝的子民被安置在哪裡，那裡就是他們的家鄉佈道園地，主的委託使他們對所在的園地負有責任。在基督徒們相聚敬拜上帝的每一個城市和村落之中，都有男女

老幼要被聚集到主的羊圈裡。許多人還從未聽過任何一席來自上帝的話。——《文稿》1907年第87號（《懷愛倫文集》6:323）{MTC 27.1}

要向城市居民宣揚救恩——當我想到那些還未開展上帝福音事工的城市，就深感憂慮。這個重擔晝夜壓在我身上——必須開展城市工作，不可耽延。必須將現代真理的信息，傳給那些還沒有聽到的人。……{MTC 27.2}

這救恩是給未開工之各城居民的。時光迅速流逝，而我們依然尚未接觸這些城市。上帝的靈能賦予真理一種能力。當亮光照入人心時，一種確信就會把握人心，那種信念會強大到無法抗拒。——《信函》1909年第150號 {MTC 27.3}

感服人心的信息——在我們的各大城市中，這信息要像點著的明燈傳出去。上帝必為這項工作興起工人，祂的天使必行在他們前面。但願誰也不要妨礙上帝所委派的人。不要禁止他們。上帝已經把他們的工作賜給了他們。要以大能傳出這信息，好使聽見的人可以信服。——《評論與通訊》1902年9月30日（《佈道論》70）{MTC 27.4}

撒但樂於讓成千上萬的人留在黑暗裡——在城市裡還有成千上萬的人留在黑暗中。撒但樂於讓工作耽擱，因為這種耽擱使他有機會在這些園地裡向有影響力的人作工，達到他的目的。我們現在能否依靠我們的負責人，謙虛而又勇敢地履行自己的責任呢？守望者啊！要興起。任何人都不要對此無動於衷。在我們所有的教會中，弟兄姐妹們應當有充分的覺醒。——《文稿》1910年第21號（《醫療佈道論》302）{MTC 28.1}

城市佈道會形成我們從未見過的強大運動——上帝在過去所發的信息並沒有改變，城市的工作現在依然很重要。當我們按祂的指示為城市工作時，就會形成一個我們從未見過的強大運動。……{MTC 28.2}

我們教會尚未覺悟出自己的需要和所處的時代。守望者啊！要醒來。我們首要的工作就是省察自己的心，重新悔改。我們沒有時間可以浪費在次要的事上了！——《信函》1910年第46號（《醫療佈道論》304）{MTC 28.3}

在城市裡與基督同工

有幸與基督同工——把領受的與人分享，這工作會使每個教友成為與上帝同工的人。若出於你自己，你什麼也不能做；但基督是偉大的工人。每個接受基督的人，都有特權成為與祂同工的人。——《教會證言》卷六449（1900）{MTC 28.4}

蒙召與基督和諧同工——「你怎樣差我到世上，我也照樣差他們到世上。」（約17:18）自稱信主的人不可坐下來過安逸的生活，好像無事可做的樣子。有一項大工要完成，每一個進入永生的人都要與耶穌基督合作。救主說過：「我不但為這些人祈求，也為那些因他們的話信我的人祈求，使他們都合而為一。正如你父在我裡面，我在你裡面，使他們也在我們裡面，叫世人可以信你差了我來。你所賜給我的榮耀，我已賜給他們，使他們合而為一，像我們合而為一。我在他們裡面，你在我裡面，使他們完完全全地合而為一，叫世人知道你差了我來，也知道你愛他們如同愛我一樣。」（約17:20-23）{MTC 28.5}

傳道人和平信徒都包含在這段話中了！大家都要合而為一，正像基督與父合而為一那樣。在分裂之中不可能有任何的完全。信靠耶穌基督的人，必須要對那些在基督之外、即將滅亡之人的事上，合而為一。事實上，我們已經看不見自己對工作的責任，所以我們需要奉主的名負起這個責任。當上帝對這個時代的子民回應基督的祈禱之時，當復臨信徒之中存在這種團結之時，他們就會對世人發出巨大的感化力。各項改革就會發生；先是在我們中間，繼而到我們服事的對象之中，就會看到基督懇切祈求之品格的改變。……{MTC 29.1}

我的弟兄姐妹們，讓我們好好思考以便知道我們個人的工作是什麼吧！你們有工作要為周圍的人和遠處的人去做。我們沒有權利把錢財都花在今生的享樂上。我們沒有權利把金錢花在榮耀自己和放縱自我上。上帝要對地球進行的審判確實不遠，我們應該起來盡自己的本分。當我們思考基督為我們所受的苦難時，我們應該努力達到捨己和自我犧牲的地步，好使我們能幫助並拯救那些可能永遠滅亡的人。我們若是疏忽這項工作，在上帝面前就無可推諉。{MTC 29.2}

我們在為審判作準備嗎？我們在預備迎見主嗎？有一項工作要為遠近各處的人而做；我們要進入還未聽到這末世警告之信息的各城鎮和鄉村。我們沒有認識到自己多麼接近這世界歷史的結束。我們沒有認識到基督為之捨了自己寶貴生命之人的價值。我們需要穿上基督的義袍，與祂和諧同工，與祂的傳道人和諧同工，與一切真心相信現代真理的人和諧同工。——《文稿》1909年第91號{MTC 30.1}

在救靈上與上帝合作——正是上帝的恩典引領我們順從上帝的律法，這律法乃是祂品格的樣貌。對耶穌基督的認識才是我們要竭力增進的，以便遵行祂的道。……我們願意讓耶穌高興嗎？我們願意讓上帝的天使歡喜快樂嗎？我們藉著與上帝合作，尋找拯救失喪的人，就可以做到這些。……我們難道不應在拯救墮落人類的工作中與天使合作嗎？——《安息日學工人》1896年1月{MTC 30.2}

工人要得到鼓勵

城市的工人需要鼓勵——那些在城市中從事艱難工作的人應得到一切可能的鼓勵，不要讓他們受到弟兄苛刻的批評。我們應當關心那些向處在錯謬黑暗中、傳播真光的工人。在我們面前有一個崇高的標準。——《信函》1909年第168號（《醫療佈道論》309,310）{MTC 30.3}

不要灰心——住在各大都市中的上帝使者，不可因他們在宣傳救恩福音時遇見的邪惡、欺壓和腐敗的影響而灰心。上帝必用祂在邪惡的哥林多給予保羅的信息，安慰每一個落到此等處境的工人，說：「不要怕，只管講，不要閉口；有我與你同在，必沒有人下手害你；因為在這城裡我有許多的百姓。」（徒18:9-10）凡參加救靈工作的人務必要記住：雖然有許多人不肯聽從上帝在聖經中所賜的教訓，但全世界的人絕不會都轉離真光和真理，而不接受一位忍耐而有恩慈之救主的邀請。每一個城市儘管充滿強暴與罪惡，總有很多人可以在正確的指導之下，學習跟從耶穌。如此，我們就可以用救恩的真理引領成千上萬的人，接受基督為他們個人的救主。——《先知與君王》277（1917）{MTC 30.4}

不要破壞上帝叫別人去做的工作——我們應當訓練自己遵從上帝的原則，

以促進人類的益處而非破壞。工人們不可立幫結派。他們將面對外來的挑戰，凡自稱要修補上帝律法的破口、修造荒廢已久之處、建立那歷年被拆毀的根基之人，都不應破壞上帝已安排工人在各方面聖工中要完成的工作。——《時兆》1893年7月3日 {MTC 31.1}

當心那些設法阻擋城市佈道工作的人——我們不冷不熱的有罪狀態已經呈現多年。我們遠遠沒有跟上救主命定我們進入城市，為現代真理事業立起見證的指示。多年以來，主耶穌已再三指示我們要在各城做的工作；可是許多傳道人和信徒卻對此麻木不仁。雖有少許人一直在盡力作工，但我們的心中卻一直沒有負起這工作的擔子；他們沒有受到敦促要合作、要整頓那剩下將要死的。……{MTC 31.2}

有些人沒有接受上帝所賜的信息，這些人撒下了不信的種子，以致稗子生長增多。……那些在過去直接擋在上帝聖工道路上的人，不應得到支持，也不要使他們有影響力。——《評論與通訊》1908年7月23日 {MTC 31.3}

不鼓勵不支持會使上帝不悅——讓我們感謝主吧！因為有少數人正盡可能地在我們所忽略的城市中，為上帝建立標竿。但願我們記住，我們的本分乃是對這些工人給予鼓勵。若我們對那些在大城市中作工的忠實工人既不鼓勵也不支持，必會使上帝不悅。——《文稿》1902年第154號（《佈道論》42）{MTC 32.1}

撒但設法使在城市作工的人灰心——當你觀看各城，見到它們充滿了罪孽時，撒但就會告訴你，不可能向他們行什麼善事。各城被可悲地忽略了。你們若不懇切尋找，就絕不會知道那重價珠子的價值。——《文稿》1895年第13號（《懷愛倫文集》10:227）{MTC 32.2}

3 ｜ 城市的挑戰

　　撒但在城市裡的工作非常明顯──撒但正忙著在我們擁擠的城市裡作工。在混亂、衝突、勞資糾紛和已經進入教會的偽善當中，都可以見到他的作為。為了使人們沒有時間從容地默想，撒但把他們帶入了一輪又一輪的尋歡作樂之中，又吃又喝。他使他們充滿了野心，要作出一種會高抬自我的表現。世界正在朝挪亞的日子那相同的景況接近。凡是能想到的罪惡，人們都犯下了。肉體的情慾、眼目的驕傲、自私的表現、權力的濫用、殘忍的行為，以及結黨營私的聯合勢力──這一切都把他們自己捆為一群，等候末日大火的焚燒，這些都是撒但爪牙的作為。人們卻把這種犯罪與愚蠢的循環稱之為「生活」。……{MTC 33.1}

　　世人的行為好像上帝不存在一樣，他們一心從事自私的追求，不久就會遭遇突然的毀滅，他們必不能逃脫。許多人會繼續處在無憂無慮的自我滿足之中，直到他們變得對生活感到非常厭倦，以致自殺。他們舞蹈狂歡，飲酒吸煙，放縱自己獸性的情慾。他們就像要被宰殺的牛一樣。撒但正施展他全副技倆和魔力，要使人們盲目地向前進，直到主站起來，從祂的居所出來，刑罰地上居民的罪孽。那時地必露出其中的血，不再掩蓋被殺的。全世界似乎都在向死亡推進。──《文稿》1903年第39號（《佈道論》26）{MTC 33.2}

撒但的爪牙組織起來反對上帝的律法——世人已結盟要反抗萬軍之耶和華。這些聯盟必延續下去，直到基督離開祂在施恩座前作中保的地位，披上復仇的外袍為止。撒但的爪牙現今正在各城市之中，忙於將那班反對上帝律法的人組成黨派。不少自命的聖徒和公認的不信者，都躋身於這些黨派中。上帝的百姓再也不能示弱。我們必須時時提防，一刻也不能懈息。——《教會證言》卷八42（1904）{MTC 34.1}

善惡鬥爭要延續到末時——在真理使者作工的重要都市中，善惡之間的鬥爭是非常劇烈的。保羅說：「因我們並不是與屬血氣的爭戰，乃是與那些執政的，掌權的，管轄這幽暗世界的……爭戰」（弗6:12）。上帝的教會與那些惡天使管轄之人必要一直鬥爭下去，直到末時。——《使徒行述》219（1911）{MTC 34.2}

撒但的爪牙增加城市工作的困難——我們不明白撒但的爪牙在這些大城市裡工作的程度。把現代真理的信息傳給人的工作越來越困難，需要有各種才能的新工人聯合起來為百姓推行明智的事工。——《信函》1909年第168號（《醫療佈道論》300）{MTC 34.3}

貧困與失業

人們受造是為享受天國的氣氛——人類受造不是為要遭受貧窮、疾病和苦難，也不是為要不顧自己身體和精神的需要，而是為尊嚴、純正和今生高尚的品格，也為了在不朽的來生，有無法言喻、滿有榮光的大喜樂。上帝的憐憫遍滿全地；人類若是願意順從自然律，那麼現有的痛苦與不幸，將不復存在。健康與生命都被放縱食慾危害了。我們的禍患更多來自濫用豐富而非不足。我們各城鎮中的年輕人被種種放縱、不正當食慾的試探所包圍著。惡習鍍了金；好像所多瑪的蘋果，外表光鮮，裡面卻是爛泥。——《森林公園記者》1879年3月30日{MTC 34.4}

窮人的困境急需救援——在大城市裡，有許多人所受的待遇連牛馬都不如。試想，家家戶戶擠在又暗又髒、潮濕狹小的住宅，甚至是地下室裡。他們的孩子生於此、長於此、也死在此地。他們看不見上帝所創造、令人心曠神怡

的自然美景。他們在罪惡墮落的環境中,過著衣衫襤褸、食不果腹的生活。他們的品格受罪惡環境的污染。孩子們所聽到的,是對上帝聖名的褻瀆和骯髒墮落的污言穢語。菸酒的氣味、噁心的臭味以及道德的墮落,扭曲了他們的感官。許多危害社會的罪犯,就是這樣產生的。社會又將他們拋棄在痛苦和墮落之中。{MTC 35.1}

但住在城市貧民區的人,並不都是這樣。敬畏上帝的人,往往中了專事欺詐同胞之徒的詭計,因疾病和不幸而陷入貧困的深淵。許多正直善良的人,因缺乏職業的訓練而貧窮潦倒。也有人因缺乏知識而無法與人生的困難爭鬥。他們流落到都市中,往往找不到工作。聲色之樂的包圍,使他們陷入可怕的試探中。他們整天與卑鄙下流的惡人為伍。惟有藉著超凡脫俗的努力,他們才能避免墜入這個深淵。許多人堅貞不屈,寧可受苦也不願犯罪。這等人特別需要幫助、同情和鼓勵。——《服務真詮》189,190(1905){MTC 35.2}

窮人往往不知道到何處求助——廣大的群眾在窮困之中掙扎著,因為迫於生計,只得拼命勞力,來博得那些屢弱不足以支持生活最低需求的微小工資。過度的勞力和人為的剝奪,加上前途無望,致使他們的擔子愈顯沉重。如果再加上痛苦和疾病,則擔子幾乎難以承受了。他們被憂慮壓迫所困,不知到何處求助。——《教會證言》卷九90(1909){MTC 36.1}

富人剝削窮人

富人靠壓迫別人致富——仇敵在顛倒公義以及使人類心中充滿私利的慾望上,已獲得了成功,以致「公義站在遠處;誠實在街上仆倒,正直也不得進入。」(賽59:14)在大城市之中,一方面有許多可憐無靠的窮人,連衣食住也沒有著落;但是在同一座城市中,也有一班錦衣玉食,窮奢極欲之輩,將其所有的金錢消耗在華貴的居所和自身的服飾上,或是更進一步,虛擲在放縱肉慾、沉迷菸酒,以及其它足以毀傷心智、紊亂神經與降低靈性的事物之中,那些窮困之人所發的呼聲,已經達到上帝面前,而人們卻仍在藉著種種壓迫勒索的手段,大肆聚斂錢財。——《教會證言》卷九11,12(1909){MTC 36.2}

上帝禁止利用剝削窮人發財——聖經絕不認可藉著欺壓一等人而使另一

等人致富的策略。聖經教訓我們在一切業務經營上要設身處地為別人著想，不僅為自己也要為別人考慮。乘人之危、損人利己的行為與聖經原則和戒律是背道而馳的。——《服務真詮》187（1905）{MTC 36.3}

禧年如同安息年促進社會平等——耶和華要在人過於貪愛產業和權勢的欲望上加以限制。社會上若是有一班人不斷地積攢財富，另一班人一直趨於貧困落魄，就必產生許多弊病。如果不加以限制，富人的勢力就必發展到獨占壟斷的地步，而窮人雖然在上帝看來各方面都與富人有相同的價值，終必被他們較為興盛的弟兄看為卑賤並苦待。{MTC 37.1}

這一種壓迫終會引起窮人的憤恨，使他們感到絕望，甚至鋌而走險，如此就必敗壞社會風紀，並打開各樣罪惡的門戶。上帝所設定的條例是要增進社會地位的平等。安息年和禧年的安排，必可大大矯正這期間國家在社會和政治問題上所發生的錯誤。——《先祖與先知》534（1890）{MTC 37.2}

一些人提供幫助

以同理心幫助窮人——善良慷慨的人會熱心關懷窮人的狀況，並設法救濟他們。幫助失業和無家可歸的人，使他們同享上帝賜給人類的福氣，過祂所希望人們所過的生活，這正是許多人熱心努力要解決的問題。但是能真正理解社會現狀成因之人，即便是教育家和政治家，也在少數。執政的人無法解決貧困和罪惡增多的問題。他們竭力想在更加穩固的基礎上進行商業運作，卻是枉然。——《服務真詮》183（1905）{MTC 37.3}

工會

工會增加了城市的困難——由於工會信託的運作和罷工招致的結果，城市的生活就越發艱難了。嚴重的困難正擺在我們面前；將有許多家庭被迫要搬到鄉間居住。——《服務真詮》364（1905）{MTC 38.1}

工人受到工會的威脅——在我們的各大城市裡，會組織起各種同盟和工會。有人要管轄其它的人，提出很多要求。凡拒絕加入這些工會的人，生命會受到威脅。那位有能力拯救也有能力毀滅的主，正在為最後的大工進行一切的準備。——《文稿》1902年第145號（《懷愛倫文集》3:42）{MTC 38.2}

參加工會妨礙遵守十誡——這些工會是末日的兆頭之一。人們在把自己綁成一束，準備被焚燒。他們可能是教會的信徒，但他們既已參加這些組織，就不可能遵守上帝的誡命了；因為參加這些組織就意味著無視全部的十誡。——《信函》1903年第26號（《主必快來》182）{MTC 38.3}

撒但最後的努力之一就是組成各種工會——組成這些工會是撒但最後的努力之一。上帝呼召祂的子民離開城市，與世人分離。時候要到，他們將不得不這麼做。上帝必照顧那些愛祂並遵守祂誡命的人。——《信函》1903年第26號（《懷愛倫文集》3:43）{MTC 38.4}

因浸淫流行文化受玷污

資源浪費在無價值的娛樂上——城市的生活虛假而造作；求財的欲望、作樂的甜情、喧擾的興奮、虛榮時尚的貪戀、和奢華浮躁的追慕、以及人海潮湧般的忙亂，都使人的思想遠離人生的真宗旨。它們正在敞開萬惡的門戶。這種誘惑，落在青年人身上，幾乎成了不可抵抗的勢力。{MTC 39.1}

城市對青年和孩童而言，最危險、詭詐的引誘之一，就是對享樂的追求。休假的日子很多；賽馬和種種競技遊戲的場所，擠滿了成千上萬的人，這種興奮的空氣，使青年人目眩神迷，把人生正經的責任拋在腦後，把應該留作正確用途的金錢揮霍在娛樂上面。——《服務真詮》364（1905）{MTC 39.2}

城市變成所多瑪和蛾摩拉——今日的城市很快就要變成所多瑪和蛾摩拉。眾多的節日假期助長了遊手好閒的風氣。各種刺激性的娛樂——看戲、賽馬、賭博、酗酒、狂歡等——使人的情緒極度興奮。青年人被這種世俗的潮流席捲。人以娛樂為目的，就為試探的潮流打開了門戶。他們專注於社交的宴樂和輕佻的遊戲。與愛宴樂的人交往，令他們如痴如醉。他們從一種放縱被引到另一種放縱，直到失去了追求成功人生的能力和動力。他們的宗教熱情消失了，屬靈生活冷淡了。心靈中一切高貴的才能，以及與屬靈世界聯繫的所有機能都損毀了。——《基督比喻實訓》54,55（1900）{MTC 39.3}

個人行動的自由不受尊重——這些城市的空氣充滿了有毒的污濁之氣。個人行動的自由不受尊重；一個人的時間實際上不被認為是他自己的；人們指

望他與別人做一樣的事。……{MTC 40.1}

熱衷於娛樂活動和慶祝那麼多節日，給法院、官員和法官們帶來了大量業務，並助長了不該再增多的貧窮和敗壞。——《教育特別證言》88 (1897) {MTC 40.2}

無人管束的孩子結交有害的友伴——父母和他們的子女聚集到城市，因為他們認為在城市比在鄉下更容易獲得生計。孩子們放學之後無事可做，就獲得了街頭教育。他們從有害的交往當中學到邪惡放蕩的習慣。父母們對這一切心知肚明，但若想要糾正錯誤，就要做出犧牲，於是他們留在原處，直到撒但完全控制了他們的兒女。——《教會證言》卷九 232 (1882) {MTC 40.3}

環境污染

污染往往危害健康——城市的環境，往往對於身體的健康是有害的。那污濁的空氣，不清潔的水，不安全的食物，黑暗擁擠的環境，以及隨時有疾病傳染的危險，都不過是城市裡的一部分害處而已。上帝的旨意，不要人擠在城市之中，窩在狹小的巷子裡面。——《服務真詮》365 (1905) {MTC 40.4}

城市的環境加劇了病人的健康問題——城市的喧嚷、興奮和混亂，其中受拘束、不自然的生活，是最令病人厭煩疲憊的。城市的空氣充滿煙塵，含有許多毒素和病菌，於生命有害。病人大都關在屋子裡，就像坐牢一樣。睜開眼睛所看到的，是鱗次櫛比的房屋、擁擠不堪的街道和熙熙攘攘的人群，也許根本看不到青天白日和樹木花草。在這種封閉的環境中，他們只能哀聲嘆氣，苦於憂心了。{MTC 40.5}

對於道德觀念薄弱的人，城市的危險特別多。在城市裡，食慾旺盛的病人不斷遭到試探。他們需要到新的環境裡改變思路。他們需要在與受敗壞影響完全不同的氛圍中生活。他們需要一段時間來擺脫那些使他們離開上帝的影響，進入更純潔的空氣之中。——《服務真詮》262,263 (1905) {MTC 41.1}

罪惡與腐敗

罪病到處橫行——我們生活在罪惡疾病流行的時代。凡願意深思又敬畏

上帝的人，莫不為之膽戰心驚。世上盛行的腐敗之風；實非人之筆墨所能形容。政治方面的爭奪、賄賂、欺詐，日新月異；違法、暴力、對人類的痛苦漠不關心、無情無義、殘害人命，種種令人痛心的記錄日有所聞。謀財害命、自殺以及瘋狂的事，更是日益增加。撒但的使者在人間的活動越演越烈，要擾亂和敗壞人的心智，污染和摧毀人的身體，這一點還有什麼可疑的呢？{MTC 41.2}

世上充滿了這些罪惡，福音卻往往以冷漠的方式傳揚，以致在人的良心和生活中沒有留下什麼印象。到處都有人渴望一種他們所沒有的事物。——《服務真詮》142,143（1905）{MTC 41.3}

世界各地的城市都充滿罪惡——世界上的一切城市，已愈加成為罪惡匯聚之所了。肉慾的引誘和墮落的陷阱比比皆是。作惡的潮流持續膨脹不已。殺人、搶劫、以及種種莫可名狀的罪惡，每天都有強暴的記錄。——《服務真詮》363（1905）{MTC 42.1}

罪惡增加是因為拒絕上帝——犯罪的現象有增無減。各城市的居民很快就必捲入幾乎滿溢的罪惡。……{MTC 42.2}

撒但世世代代都企圖使人看不到耶和華慈愛的旨意。他常設法使人不能認明上帝律法的偉大原則，就是祂律法所彰顯公義、憐憫和慈愛的原則。世人常誇耀現代新奇的進步與文明；但上帝卻看到全地充滿了罪惡與強暴。世人聲稱上帝的律法已經作廢，又說聖經的記載不可靠；結果全世界被罪惡的浪潮所掃蕩。這種浪潮是挪亞和以色列背道的年日以來所沒有的。人竟出賣自己高貴的特質、溫柔和敬虔的心，為要滿足罪惡的情慾。人們為求利益而行出的罪惡實在足以令人毛骨悚然、不寒而慄。{MTC 42.3}

我們的上帝乃是有憐憫的上帝。祂以恆久的忍耐和溫柔的慈愛看待一切觸犯祂律法的人。但在現代中，人人既有很多機會可以認識聖經所顯示上帝的律法，宇宙的統治者就不能容忍罪惡城市的強暴和邪惡。上帝對於那些怙惡不悛之人的忍耐很快就要到達盡頭了！——《先知與君王》275,276（1917）{MTC 42.4}

城市的罪惡不斷增長——我們城市中的青年呼吸著被罪惡污染的空氣。

邪惡的影響就傳到鄉間，於是整個社會都被污染了。官員不是具有高度道德標準的人，卻是收穫今世財物之人，他們既不想、也不願制止這種毒根的生長，於是它便年年增長，並且又在今日被遍地行銷的書刊和報紙對犯罪行為的詳加描寫所渲染。——《文稿》1895年第13號（《懷愛倫文集》10:226）{MTC 42.5}

上帝慈憐地看待少年犯——許多成人和其它青少年把少年犯視為弱勢、無用、沒有道德，只會把惡習傳給別人的廢人。父母傷透了心。弟兄姐妹和親戚們說這些可憐人是不可救藥的，但上帝卻……憂傷慈憐地看待他們。祂了解導致他們陷入試探、使他們與上帝隔絕的一切事物。這世代的年輕人怎能逃避與下列惡行相仿的可怕羞恥呢？——荒廢上帝所賜的產業，像以掃一樣出賣自己的長子名分，辜負造福人類的神聖委託。他們沉迷於不節制的食慾，且因貪得錢財而陷入不誠實的行為中。{MTC 43.1}

需要使這些可憐的人接觸崇高、純潔的聖經原則。然而恢復的工作必須始於讓他們吃有益健康的食物，給他們提供便利，可以清潔自己的身體和衣服，他們就可能因此產生一絲觸動之情。——《文稿》1897年第14a號。{MTC 43.2}

上帝對城市的懲罰

違法招致上帝的懲罰——1906年4月16日，我在加州羅馬林達時，得到一個極其奇異的啟示。在夜間的異象中，我站在一個高處，從那裡我看見許多房屋都在震動，好像蘆葦迎風起伏一般。大小房屋都傾倒。遊樂場、劇院、旅館和富人的宅邸，都因震動而坍塌。許多人因之喪生，空氣中充滿了驚恐和受傷之人的哀號。{MTC 43.3}

上帝行毀滅的天使正在作工。他們只一動手，那些建造的十分完善、認定不怕任何危險的房屋，無不立刻化成瓦礫石堆。無論何處都沒有安全的保障。當時我雖不覺得有特殊危險，但我眼見的可怕景象，實非言詞所能形容。正好像上帝的寬容已盡，實行審判的日子已到。{MTC 44.1}

那位站在我身邊的天使指示我說，沒有幾個人能想像現今世上存在的罪惡，尤其是各大城市中的罪惡。他說主已經指定了一個日子，要在忿怒中刑罰

那執意蔑視祂律法的犯法之人。{MTC 44.2}

那時我所看見的景象實在可怕，所給我關於這事的教訓，更是極其強烈又深刻地印在我腦海之中。那位站在我身邊的天使又宣稱，上帝至高的統治權和祂律法的神聖性，必須要向頑固成性、又不肯服從這位萬王之王的人顯示。凡自暴自棄不忠的人，必在慈憐中受刑罰，以致如果可能的話，他們也許會猛然回頭，覺悟自己的罪大惡極。——《教會證言》卷九92,93（1909）{MTC 44.2}

罪惡不限於特定城市——想想舊金山那座城市。是什麼使那座城市遭受了上帝的報應呢？我們可以在身居高位的人顯出的腐敗中發現答案。各處都有腐敗、醉酒和搶劫的事。而且不只在舊金山有這種罪惡案例。我們擁有真理的人明白這些事件的意義。{MTC 44.4}

我們正生活在這世界歷史的最後一夜。現在難道不是每一個人都應當使自己與上帝有正確的關係，好盡個人的本分建立基督國度的時候嗎？——《文稿》1909年第73號（《證道與演講》2:314,315）{MTC 45.1}

聳動的言論阻礙傳道工作

不要發表聳動的言論——「幾年前，一位在紐約作工的弟兄發表了一些有關紐約將毀滅此種危言聳聽的言論。我立即寫信給負責那裡工作的人，說發表這種消息是不明智的，因為這樣可能會掀起一股風潮，導致狂熱的運動，危害上帝的聖工。只要對人傳講聖經的真理就已足夠。聳動的說法對上帝聖工的推進是有害的。」……{MTC 45.2}

「現在謠傳我曾經宣稱說紐約將會被一場海嘯侵吞。我從未說過這句話。我是看到那裡的大樓一棟比一棟蓋得更高時曾說過：『當主起來而引發極大的大地震時，將會發生何等可怕的景象啊！那時〈啟示錄〉18:1-3的話就會應驗。』〈啟示錄〉18章一整章都是關於將要臨到地上之事的警告。但關於紐約將面臨什麼事，我沒有特別的亮光，我只知道有一天，那些大廈會被上帝翻轉傾覆的能力所摧毀。根據所賜給我的亮光，我知道毀滅的事已在世上。主說一句話，祂大能的一次觸摸，就會使這些巨大的建築物倒塌。將要發生的場景可怕得讓我們無法想像。」……{MTC 45.3}

「有許多人是上帝的靈正在爭取的。上帝施行毀滅報應之時，也正是還沒有機會認識真理之人的恩典時期。主以慈憐的心眷顧他們。祂動了慈心，仍舊伸手要拯救他們。」……{MTC 45.4}

「我上次在紐約時，在夜間異象中見有許多摩天大廈，層層相疊，高聳入雲。這些房子都有防火設施。建築師和屋主造這房屋的宗旨，乃是要榮耀自己。這些房屋愈造愈高，用了許多最貴重的材料。……{MTC 46.1}

「當這些矗立的大廈完工時，業主們都傲然自視，十分得意，覺得擁有金錢可用來榮耀自己。……他們所用的金錢人半是以勒索的手段從貧民身上壓榨的。天上對於人類的每一項事務都有記載。凡是不公平的事情和欺詐的行為，無不一一記下。時候將到，這些詭詐傲慢的人，必走到主再不能容忍他們的地步，那時他們才會知道，耶和華的寬容也是有限度的。{MTC 46.2}

「此後，我忽然聽見失火的警報。人們望著這些聲稱能防火的大廈說：『不要緊，這些房子是絕對不會有危險的。』豈知這些房子卻完全被火燒淨，好像是松脂做的一樣。消防車不能撲滅火勢，消防隊也束手無策。{MTC 46.3}

「我蒙指示，知道人們驕傲好大的心若不改變過來，及全主的時期一到，他們就要曉得那有力量施行拯救的手，也有力量施行毀滅，世界上沒有什麼能力可以阻止上帝的手。世上沒有什麼材料可以造成上帝不能毀滅的建築物，到了上帝所預定的時期，祂就要因世人的傲慢蠻橫和對祂律法的漠視而施以報應。──《懷愛倫自傳》411-414（1915；引文寫自1903,1904,1906）{MTC 46.4}

4 | 需要完全投入

對城市的責任

需要大力推進工作——要在我們的城市中作工。把我們的力量投到其它有益的事業上，放棄尚未開工的、居住著大批各民族居民的城市，這是不智之舉。現在應當開始並要籌集資金、推進工作。要在人口群居的大城市再度發出大聲呼喊。……{MTC 47.1}

在紐約、波士頓、波特蘭、費城、布法羅（水牛城）、芝加哥、聖路易斯、紐奧良，以及許多其它城市的工作是需要金錢來推動的。其中有些地區的人曾受到1842年至1844年傳播的信息深深震撼，但是在幾年後所做的事工卻遠遠不及原先預期的巨大範圍及果效。要使我們的信徒感到對大城市的工作負有特別責任似乎很難。——《文稿》1910年第13號（第20號小冊《對守望者的呼籲》;部分內容在《佈道論》34頁）{MTC 47.2}

發出普世性的警告——夜復一夜，我不能入睡，因為未蒙警告之城市的重擔壓在我身上。我每晚祈禱並設想各樣方法，使我們可以藉之進入這些城市，傳揚警告的信息。為什麼呢？因為整個世界急迫需要警告與拯救；我們要去東、西、南及北部，巧妙地為我們周圍的人作工。當我們進行這工作之時，我

們就必看見上帝的救恩、得到祂的鼓舞。——《文稿》1909年第53號（《佈道論》62）{MTC 47.3}

本地的工作不要忽略——惟願這些就在我們家門口的地方，例如本國的各大城市，不致被輕易略過而不加以注意。……國內佈道工作實在是當前的重要問題。現今正是去耕種這些田地的最好時機。再過不多時，情況就必更加困難了。——《教會證言》卷八31,32（1904）{MTC 48.1}

工作要繼續直到恩典時期結束——我們能用什麼語言表達我們深切的關懷，來說明我們切願每一個人都醒悟，並到主的葡萄園做工呢？基督說：「你們去做生意，直等我回來。」（路19:13）或許過不了幾年，我們一生的歷史就要結束，但我們必須「去做生意，」直到那時。命令將要發出：「不義的，叫他仍舊不義；污穢的，叫他仍舊污穢；為義的，叫他仍舊為義；聖潔的，叫他仍舊聖潔，」（啟22:11）那時就不會再有為生靈作工的機會了，每一個人的案件都確定了。——《評論與通訊》1896年4月21日{MTC 48.2}

利用機會

要抓住每一個工作的機會——上帝要求我們向每一個城市傳揚現代真理的信息，而不是把工作限制在少數地區。只要發現有什麼地方為真理開了門戶，就要派能幹的人駐紮在那裡，以動人的大能和確信，傳講真理的教訓。……{MTC 48.3}

但願誰也不要把人所發明的方法，設立為主的方法。{MTC 48.4}

有強而有力的吩咐說：要喚醒守望者，好把警告傳給美國的每一座城市。……{MTC 48.5}

不要留連於各教會、把同樣的真理一遍又一遍地講給人聽，卻把各城撇在無知和罪惡之中，未受警告，未予開工。不久道路就被阻隔，這些城市的門戶就會向福音信息關閉。要喚醒教會的肢體，使他們團結起來，做一番明確的捨己之工。——《文稿》1909年第61號（《懷愛倫文集》10:215,216）{MTC 48.6}

門開了就進去——上帝問：為什麼不在各城為我設立紀念呢？我們怎麼

回答呢？城市的工作遭到忽視，證明信徒中缺乏基督那樣的活力。要讓大家都覺悟到需要在各城建立基督的傳道區。要讓上帝的工人進入祂已為他們敞開的門戶。信徒們需要醒來，比現在做出更多基督化的努力。——《評論與通訊》1904年2月4日 {MTC 49.1}

錯過了擴張的機會——在過去的二十年間，若我們在大城市中滿有活力的熱心傳揚真理的信息，原本會有成千上萬的人接受真理，他們不但會因真理而歡喜快樂，而且會努力將之傳給他人。……{MTC 49.2}

在華盛頓特區、加州山景城和田納西州納什維爾這樣的中心城市，我們的弟兄們不該努力加添新的責任，也不該把更多的信徒家庭聚集在一起，而是應該研究如何外移，在需要開工的地方建立影響力中心。——《信函》1911年第41號 {MTC 49.3}

要當心：門戶也向反對者敞開

門戶既向傳道工作敞開也向反對真理的人敞開——必須要以獻身與自我犧牲的精神，為那些對福音一無所知之人投入積極進取的奮鬥。當機會出現，門戶敞開，真理的道傳給人時，反對真理的工作也會啟動。這門向傳道士敞開，但也會向反對真理的人開放。但是，如果這個真理是在基督裡呈現，那麼聽道之人就要為自己的推拒承擔後果。——《評論與通訊》1895年7月2日 {MTC49.4}

平信徒要參與社區佈道工作

要叫人人都覺悟城市的需要——我們的弟兄們既見到未開闢的城市，就意識到所要做的工規模甚大。許多在過去本應十分清醒，留意所傳信息的人，卻睡著了。我們的人現在要醒來。要是人人都願意盡自己的本分，我們就會見到主的工作被認真地推進。祈願上帝幫助我們。——《信函》1910年第102號 {MTC 50.1}

現在只有一個工人的地方需要一百個工人——各城正滿了罪惡，撒但認定在城市範圍內不可能有什麼善舉；所以各城就可悲地被忽略了。但那裡卻有失落的珍珠，其價值是你們若不懇切尋找直至找到，就不可能認識的。現在只有一個工人的地方，本可以有一百個工人，他們可以殷勤虔誠地懷著強烈的興

致尋找，以便找到被埋沒在城市垃圾中的珍珠。——《評論與通訊》1896年4月21日 {MTC 50.2}

呼籲傳道人到城市傳道

傳道人要到大城市工作——我蒙指示，要叫我們的傳道人注意還未開工的許多城市，並勉勵他們用種種方法去開闢傳揚真理的路。當初有一些城市雖已有人傳過主復臨的信息，然而我們不得不當它們是新地區，重新開工。我們錯失這些荒蕪之地和未開闢的城市還要多久呢？應該開始將種子撒播到許多地方，不可遲延。——《教會證言》卷九123（1909）{MTC 50.3}

學生要參與

學生要參與各種傳道工作——藉著最初的門徒，一個神聖的禮物曾提供給以色列；今日忠心的福音傳道士要在我們宣教士所進入的各城做類似的工作。這些在我們的一些療養院當中已盡力做到一定程度的工作，仍需獲得更加寬廣的經驗。{MTC 51.1}

我們的區會會長們豈能不為我們學校的學生開路，讓他們參加這方面的工作？我再三蒙指示看見「我們要將護士、傳道士、牧師、以及文字佈道士、傳福音的學生等組織成隊，並給予極其充分的訓練，以造就與那聖者相似的健全品格。」——《與羅馬林達療養院和醫療佈道學院有關的證言和經驗》（第95號小冊）第15頁，（《健康勉言》541,542）（1906）{MTC 51.2}

教會領袖要參與

教會領袖要協助——我要對居於負責崗位的弟兄們說，大城市的需要一直擺在你們面前。你們有一道又一道的信息論到你們的責任。而今，你們要做什麼以便聽從主的吩咐呢？——《文稿》1910年第13號 {MTC 51.3}

時候不多，現在需要常常禱告採取行動——我們的領袖們若是認識到夜間的時辰，就不會不警告各城，也不會少有作為去改變世界的現狀了。上帝要求每一個信靠基督的人都要向前走，並且結出許多果子來。……{MTC 51.4}

要少一些說教，多一些內心謙卑的祈禱，祈求上帝臨格在我們中間。我

們的聚會應當是謙卑尋求上帝的時光。巴不得我們能意識到我們對基督的需要並用活潑的信心，得到祂臨格的應許！——《信函》1908年第172號（《斯波爾丁和馬根選集》436）{MTC 52.1}

上帝要追究忽視城市工作之教會領袖的責任——我蒙指示要對那些長期居於工作之首，卻多年讓許多大城市沒有開工的人說：主必追究一些人的責任，他們制定了自己的計畫要在少數地方做一番大工，卻沒有同時做本應向許多大城市傳揚最後警告信息的工作。這作風已經捲起一股阻擋的意向與一種慾望，阻止那些想要參與城市工作的弟兄們。有些心中盲目的人一直在阻礙工作，這使許多人的心中產生了疑惑與不信。我現在提出的建議是倡導要將我們一切的精力和財力都用來推進聖工。我們需要用我們的感化力鼓勵他人作工。要鼓勵積極活動的精神，而不是設法阻礙和禁止的精神，這樣就會在過去一直沒能遵從主旨意之處，見到進步。——《文稿》1909年第61號（《懷愛倫文集》10:219）{MTC 52.2}

總會領袖們蒙召去做城市佈道——我看到撒但會很高興看到普雷斯科特牧師（Prescott）和丹尼爾斯牧師（Daniells）承擔起普查我們書籍的工作，那些書籍多年來已經在園地中成就了善工。但上帝並沒有叫你們二人中的任何一個人去做那種工作。你們要是開始從事那種工作，就會大大佔用應該用來向一個不知悔悟的世界傳揚最後警告信息的時間。{MTC 52.3}

主原希望你和普雷斯科特牧師並你們的同事，在上次總會會議之後就負起向大城市的居民傳揚末世警告信息的責任。這就是祂這許多年來一直在呼召我們去做的工作。——《信函》1910年第70號（《懷愛倫文集》10:364,365）{MTC 53.1}

一位總會會長蒙召去城市佈道——主耶穌對總會會長丹尼爾斯說：「我的恩典夠你用的，因為我的能力是在人的軟弱上顯得完全。」（林後12:9）要警告各城，時間很寶貴，要悔改、歸正、愛惜光陰，並要竭力補救你以往的疏忽。……{MTC 53.2}

丹尼爾斯牧師，要讓你的心與腦完全分別為聖，去遵行上帝的旨意，並

要努力在你家中進行同樣的工作。要開始從事久已忽視的城市工作。要極其懇切地求上帝使你的心思有正確的思路。主並沒有把有些人以為要在華盛頓做成的工作放在你或別人的肩上。——《信函》1910年第70號 {MTC 53.3}

《評論與通訊》的編輯蒙召從事城市佈道——在這次（1909）總會會議期間，我有一道信息給普雷斯科特弟兄。他是一個傳道人，不應該留在華盛頓這裡去做別人能做的工作。他能站在人前，以叫人容易接受的方式，說明我們信仰的緣由。我知道這一點是因為我一直與他同工。他有寶貴的恩賜，他在這裡從事別人能做的工作，同時聖工卻很缺乏能警告這些大城市的工人。他的恩賜不應再像現在這樣消耗下去，他若繼續在這裡工作，他的健康和體力就會用盡。但他若是願意去從事公共傳道工作，就必得著力量。——《文稿》1909年第53號（《文稿發布》第10卷360,335頁）{MTC 53.4}

佈道捐不能代替服務工作

奉獻了佈道捐，不能說是盡了對城市的本分——如果不為美國各城做比過去更多的工作，傳道人和信徒們就會有一筆巨債，在那分派各人工作的上面前結算。……{MTC 54.1}

願上帝饒恕我們可怕的疏忽，沒有做我們至今幾乎連指尖都沒有碰一下的工作。……{MTC 54.2}

在奉獻了許多金錢用來做國外佈道事工之後，不要認為你們就已經盡了本分。——《教會證言》卷八35,36（1904）{MTC 54.3}

5 │ 進入城市的策略

上帝希望在城市展開特殊工作

需要在城市裡成就大工——我屢次蒙指示，要向我們各教會介紹應該在大城市中完成的工作。那裡有一項偉大的工作要完成，不僅是在已經建立了教會的地方，也要在真理還從未觸及的地區。它們雖在我們當中，卻像在遙遠的地方一樣，確實還有不信上帝的人存在。——《文稿》1908年第7號（《佈道論》32）{MTC 55.1}

開工前不要等待大事發生——我們在城市中為什麼要遲延開工呢？我們不必等候什麼奇蹟出現，或購置一些昂貴的設備，以便可以大作炫耀。糠秕怎能與麥子相比呢？我們若在上帝面前謙卑地行動及工作，祂必在我們前面開路。祂必尊榮那些尊榮祂的人。我們感到確信，在塔克瑪帕克（美國首都華盛頓郊區，1904—1989年為全球總會所在地；1906—1982年為《評論與通訊》出版社所在地）的工人們正努力尊榮祂。{MTC 55.2}

為何要推遲使世界變得更好的努力呢？我們的活動範圍不論多麼小，工作不論多麼卑微，只要我們與救主同心同行，祂就必藉著我們彰顯祂自己，而我們的感化力就會吸引人歸向祂。祂必是尊榮柔和謙卑的人，他們懇切尋求，

在日常生活中事奉祂。我們無論是在店舖裡、在農場上，還是在辦公室工作，都要努力救靈。——《信函》1904年第335號 {MTC 56.0}

存在特殊才幹是為完成工作——在我們的各大城市中都應該完成傳道工作。我們所擁有的特殊才幹，就是用來做這方面工作的，這種才幹應該受到教育和訓練。{MTC 56.1}

流連於各教會的傳道人若不鼓勵教導人們去做實際的傳道工作，就不會為教友們成就多少善工。現在每一個傳道人都應該感到有一項更大的工作要去做，而不是向人們重覆講同樣的道。……{MTC 56.2}

我蒙指示向我們教友指出〈以賽亞書〉第58章。要仔細閱讀這一章，明白哪一種服務會給教會帶來生命。推進福音工作既要靠我們的辛勞，也要靠我們的慷慨。當你們遇到需要幫助的受苦之人時，就幫助他們。當你們遇到飢餓的人時，就給他們吃，這樣做就是參予了基督的聖工。……{MTC 56.3}

區會的職員們沒有權利限制我們在各城的工作。因著一些地區已施行的一些奇怪禁令，撒但就從中一直在設法阻礙真理的道路。不要鼓勵人們不活動。——《文稿》1908年第7號 {MTC 56.4}

要揀選最好的工人——我們現在必須努力傳播真理，這樣的結果必在我們迄今尚未開工的各城中，使許多人開始認識真理。應該選拔、差派和供養教會中最好的工人去做佈道工作。——《大西洋聯合會拾遺》1902年1月8日 {MTC 56.5}

需要能感動人心的工人——我們必須計畫在這些大城市中安置精明能幹的人，用最有力的方式，傳揚第三位天使的信息，震撼人心。我們不可把那些能做這項工作的人集合在一處，去做別人可以做的工作。——《評論與通訊》1909年11月25日 {MTC 56.6}

關於如何開展城市工作的困惑

撒但企圖擾亂我們的計畫——當我們開始為城市的公眾積極工作的時候，仇敵便大肆活動，製造混亂，希望藉此分散工作力量。有些尚未徹底悔改

的人，時常陷入把仇敵的建議誤認是上帝聖靈引導的危險。主既已賜給我們亮光，就讓我們行在光中吧！——《文稿》1910年第13號《佈道論》100）{MTC 57.1}

不開展城市佈道的藉口顯得缺乏眼光——我夢見我們有幾位弟兄正在開會，籌劃當前的工作。他們以為最好不要到大城市中，而只到那遠離城市的小地方去開工，因為在那裡既不易遭到各教會領袖的反對，又能避免龐大的開銷。他們所持的理由是：我們的傳道人人數既少，就無法再去教導及照應那些可在城市中領受真理的人，而且這些城市中的人因要遇到更大的反對，所需要的幫助也會比小地方教會的人更大。這樣一來，那在城市中接連佈道所結的果子，大部分就要損失掉了。再者，有人堅稱：因為我們經濟有限，而大城市的教會又難免因人的移動引發許多變化，因此成立一個強而有力的教會頗有難度。我的丈夫勸諸位弟兄要毫不遲延地從事更廣大的計畫，要在各大城市中奮力推進聖工，以便與我們信息的性質更為相稱。有一位同工描述他在城市作工的經驗，表示他的工作可以說是失敗了，並且還證明在小地方作工是較有成效的。{MTC 57.2}

那尊貴有威權的一位，也就是那參赴我們一切會議的一位，當時正帶著極強烈的興趣聽著每一句話。祂鄭重地說：「這整個世界乃是上帝的大葡萄園。城市與鄉村都是這葡萄園的一部分。這些地方都必須從事工作。……{MTC 58.1}

這使者又轉向一位參赴會議的人說：「你對於現今工作所有的觀念，未免過於拘泥，你的亮光不應當只限於一個小範圍內，放在斗底下或是床底下；乃是要放在燈檯上，就照亮凡在上帝家中——世界中的人。你必須對工作抱有更廣大的眼光，遠勝於你已有的。」——《教會證言》卷七34-36（另見《文稿》1874年第1號）{MTC 58.2}

基督城市佈道的方法

融入民眾滿足他們的需要並邀請他們跟從——基督差遣十二個門徒從事第一次佈道旅行時，吩咐他們「隨走隨傳，說：『天國近了！』醫治病人，叫死人復活，叫長大痲瘋的潔淨，把污鬼趕出。你們白白地得來，也要白白地捨去。」

（太10:7,8）{MTC 58.3}

後來祂又差遣七十個人出去，對他們說：「無論進哪一城，……要醫治那城裡的病人，對他們說：『上帝的國臨近你們了』。」（路10:8,9）……{MTC 58.4}

基督升天以後，這種工作繼續進行。祂自己傳道時的場景再現了。……{MTC 58.5}

〈路加福音〉的作者路加是一位醫療佈道士。聖經稱他為「所親愛的醫生」（西4:14）。使徒保羅聽說他醫道高明，就請他出來，把上帝委託的特殊工作放在他身上。他就和保羅合作，在一段時間裡陪同他到處旅行。……福音信息的門路就這樣打開了。路加既是成功的醫師，就為他提供了在外邦人中傳揚基督的許多機會。上帝的旨意是要我們像門徒那樣工作。身體的醫治是與福音的使命相連的。在福音的工作中，教導和醫病是永不能分開的。……{MTC 58.6}

把福音傳給世人，是上帝交託給每一個信奉祂名之人的工作。福音是地上罪孽和憂愁的唯一解藥。凡已體驗福音醫治之能的人，必須以對全人類宣揚上帝恩惠的信息為首要任務。……{MTC 59.1}

今日世界的狀況怎樣呢？人們對聖經的信仰難道不會被更嚴厲的批評與猜疑摧毀嗎？……{MTC 59.2}

如今需要一場偉大的改革運動。只有靠著基督的恩典，才能完成恢復人在靈、智、體方面的工作。{MTC 59.3}

只有基督的方法，才能真正成功地感動人。救主與人相處，為他們謀福。祂對人表同情，服事他們的需要，博得他們的信任，然後吩咐他們「來跟從我」。{MTC 59.4}

需要通過個人之工與人接觸。如果少花時間講道，多花時間做個人服務，就會更有效果。困苦的人需要解救；患病的人需要照顧；憂傷痛苦的人需要安慰；愚昧無知的人需要教育；缺少經驗的人需要指導。我們要與哀哭的人同哭，與快樂的人同樂。這項工作如果帶著感服人心的能力、祈禱的能力、和

上帝之愛的能力，就不會沒有成果。──《服務真詮》139-144（1905）{MTC 59.5}

基督來滿足人類的需要──上帝差祂的兒子進入世界，以便實際了解人類的需要。藉著使人性與神性結合，祂必須接觸人，但仍保持上帝的神性。──《文稿》1909年第73號（《證道與演講》2:318）{MTC 59.6}

城市宣教工人的行動很重要

工作的性質要與我們所講的真理相匹配──工作應當要做到平衡，為真理作活潑的見證。上帝希望我們懷有高尚的抱負。祂希望我們工作的性質要符合那激勵我們的偉大真理，使我們把世界從死一般的昏睡中喚醒。──《信函》1899年第4號 {MTC 60.1}

用榜樣施教──我們必須實踐真理，並用我們的生活和我們的言語教導真理。有成千上萬的人是我們力所能及的，我們能教導他們真理，並不需要投入大筆金錢去接觸我們附近的城鎮。我們不必到陌生城鎮的人那裡去，而要到講本地話的人那裡去。可是年復一年過去了，一個又一個的呼籲已經發出，為了推進工作投入的人力和方法卻很有限。我們還是世上的光嗎？──《文稿》1894年第60號 {MTC 60.2}

避免有爭議的行動

避免不必要地建造隔牆──主沒有催促祂的工人們採取行動使艱難的時期提前來到。不要讓他們因宣傳自己的想法和觀念而在自己和世人中間築起一道隔牆。現今在我們邊界上，這樣的隔牆太多了。──《給傳道人和工人的特別證言》系列一3:33, 34（《給傳道人的證言》202）（1895）{MTC 60.3}

戰略規劃

城市居民不會到我們這裡來──我們豈能期望城市中的居民到我們面前來，說：「如果你們肯到我們這裡來傳道，我們就情願如此這般地幫助你們」呢？他們對於我們的信息知道什麼呢？但願我們盡到我們的責任，去警告這一群從未聽聞警告信息、且未蒙拯救行將淪亡的人。主極願我們將光照在人前，以致祂的聖靈能將真理傳給一群誠實尋求祂的人。──《教會證言》卷九100（1909）{MTC 60.4}

研究外展的可能性——對我說的話乃是:「告訴我的百姓時候不多了。現在要做出一切的努力以高舉真理。要在大小城市中傳揚信息。第三位天使的信息要與第二位天使的信息結合起來,以大能在我們的各大城市中傳揚。這樣就會以大聲傳出信息,好為大君的降臨預備一群人。」{MTC 61.1}

必須研究各大城市的狀況,好把真理傳給眾人。主在這些大城市裡有許多誠實的人,他們正因宗教界的奇怪發展而困惑。——《信函》1910年第88號(《懷愛倫文集》5:128){MTC 61.2}

要研究被忽視地區的需要——還有一個方面的工作要推進,就是在大城市中的工作。應該有許多熱心的工作團隊在城市中作工。人們應考慮要在一直受忽視的地區做些什麼。主一直呼召我們注意大城市中受到忽視的群眾,可是我們卻很少注意這事。——《評論與通訊》1909年11月11日(《基督教育原理》537){MTC 61.3}

由幾個人仔細計畫有助於預防錯誤——需要有能力的人仔細地權衡得失,並在計算時運用合理的判斷。缺乏有經驗的人已經成了一大劣勢。工作不應由一個人的心思或想法來管理。……{MTC 61.4}

在……各城市建造或購置大型建築是不對的。那些覺得這樣做會大有好處的人缺乏見識。{MTC 62.1}

在這些大城市中傳揚現代福音信息方面,有一項大工要做。但是為了要使整體工作看來體面而為大型建築胡亂購置設備是不對的。——《文稿》1903年第30號(《證道與演講》2:226){MTC 62.2}

拙劣的計畫導致不必要的開支——我感到很痛苦,因為看見一直把財力用在密西根州的巴特爾克里克(Battle Creek)建造額外的樓房,其實這是不需要的。學院已經夠大,足以容納學校的學生生活之必需。這事的真相是,那些負責學院的人,沒能照著他們所應做的來管理在校的學生。那些增建新大樓的錢,原來對於美國各城樹立真理之旗幟,開闢新園地而供養傳道人是非常需要的。——《信函》1895年第43號(《懷愛倫文集》17:308){MTC 62.3}

需要地方領導

地方工作的決定最好由當地作主——當我看到我們的領袖們採取極端的立場，承擔起本不該由他們擔負，而應交給上帝來處理的事時，心中往往非常難過。我們還在世上。上帝為我們留下了一個與世界接觸的位置，並用祂自己的右手在我們前面預備道路，使祂的工作能沿著不同的道路前進。……{MTC 62.4}

讓上帝與那些在地方上工作的人同工吧！並願那些不在當地的人，存謙卑的心與上帝同行，免得他們離開本位，迷失自己的方向。那些好批評的人，主並沒有交付他們做這樣的事，也沒有將聖靈的支持賜給他們。許多人按他們自己出於人的判斷行事，熱心追求糾正上帝沒有放在他們手中的事。只要我們在世上，我們就必須為世人做一番特別的工作。警告的信息要傳給各國、各方、各民。——《給傳道人和福音工人的特別證言》系列一3:32,33（《給傳道人的證言》201,202）（1895）{MTC 62.5}

資助城市佈道

上帝的聖工需要資金和才幹——那些真心悔改的人都已經蒙召，要從事一項需要金錢和獻身的工作。我們的名字既已列在教會的名冊上，就使我們有義務竭盡所能的為上帝工作。祂要我們專心一意地服務，將心、靈、智能完全奉獻。基督之所以把我們引進教會，就是要使我們一切的才能可以全然貫注，專用在救靈的服務上。任何不及於此的就是反對聖工了。……{MTC 63.1}

按照主的計畫，那交託我們的財物，當用來增進祂的國。祂的財物既已交託給祂的管家，這樣他們就可以謹慎地經營交易，並在拯救生靈得永生的事上，把利潤歸還與祂。……{MTC 63.2}

上帝和每位真信徒合作，同時那信徒所領受的亮光和福惠，也要從他所做的工，再度傳出去。他既這樣分享自己所領受的，他那領受的容量也就增加了。在他分贈上天的恩賜時，他就騰出了地方，好讓那從活水泉源發出的新鮮恩典與真理，暢流到心靈。於是更大的光，增長的知識和福惠，就都歸與他了。教會的生命和成長，就在於這份交給每一位信徒的工作。{MTC 63.3}

那種在生活上只顧領受卻從不施與的人，不久就必喪失所蒙的福惠。如果真理不從他那裡流傳給別人，他就喪失自己領受的了。——《文稿》1898年第139號（《今日偕主行》303）{MTC 63.4}

所需要的資金會來到——我們在做這種工作時，將會發現必有資金流入我們的庫房，我們必有金錢可用於推進更廣大、深遠的工作。我們難道不應該憑著信心前進，就像我們有數千美元那樣嗎？這樣足夠的信心，我們擁有的還不到一半。我們應盡自己的本分，警告這些城市。——《文稿》1909年第53號（《佈道論》62）{MTC 64.1}

富裕的信徒要支持擴展工作——主呼召那些負責任、有地位、那些已蒙祂賦予寶貴恩賜的人，運用他們的才智及資源為祂服務。我們的工人當在這些人面前，簡明地提出工作的計畫，告訴他們我們需要什麼來幫助貧苦缺乏的人，以及如何在穩固的根基上建立工作。其中有些人要受聖靈的感動，將主所賜的資財，用來投資推進主的聖工。他們會幫助在大城市中設立影響力中心與機構，以成全主的旨意。產生興趣的工人就將被引領，進而獻身於各種佈道工作了。——《教會證言》卷七112（1902）{MTC 64.2}

富裕的信徒將資助城市佈道工作——富人也必被引領歸向真理，並且要拿出他們的錢財來推進上帝的工作。我蒙指示，知道在我們尚未開工的城市中有許多財源。上帝在那裡也有一群愛慕真理的百姓。快到他們那裡去，照著基督教導人那樣教導他們，將真理傳給他們。他們必定會接受。誠實的心靈既然悔改，他們必將財物獻歸主用，而我們的資源也必日見增加了。——《教會證言》卷九100（1909）{MTC 64.3}

要為植堂計畫的資金做好預算

各區會要儲備資金用於新園地——當我們想到在首都華盛頓必要完成的工作，以及應該在南方園地和我國各城中開展的工作時，就越來越明顯地看到，剝奪的各區會的財力是非常不明智的，因為他們就無法協助上帝指示我們在其他地區為祂建立紀念這項特殊的工作了。——《信函》1903年第190號（《斯波爾丁和馬根選集》316）{MTC 64.4}

要優先給新開墾的園地資源——上帝要求所獲得到的每一塊錢，都要用來開墾新的園地，將福音信息傳進去，克服種種妄想阻止傳道工作的困難。為基督的緣故，我請求你們執行上帝的旨意，在各城各地開創傳道區。——《文稿》1909年第61號（《懷愛倫文集》10:216,217）{MTC 65.1}

給新園地分配更多資金——要把信息傳到新的城市。若有必要，我們就必須在信息已充分傳揚的少數地區減少開支，以便進入尚未聽到警告的其它地區。那裡的人們還不知道將要臨到一切住在地上之人的大危機。我們有真理的道——上帝的誡命和耶穌的真道——要傳給這世代的人。——《文稿》1909年第6號（《懷愛倫文集》10:216）{MTC 65.2}

當下與新進聖工的資金需要平衡——主看到祂葡萄園中必須做成的工作。祂看到應該為祂設立紀念，以便傳講真理的地方。祂看到未開工而且缺乏設施的園地。祂要求凡事奉祂的人，都有平等公正的判斷。不應將大量錢財投在一個地方。每建一棟樓都要考慮別的地區也需要相似的建築。……{MTC 65.3}

上帝要求凡參與祂服務的人，不要擋住前進的道路，自私地把他們所能得到的財力都用在同一個地方、或同一份工作。世界各地都有早該做成的工作要做。在你們擁有了許多大樓，而又有成千上萬的錢財時，上帝禁止你們向人們募款……為某個機構蓋更多的樓房。要用你們自己的錢財蓋房。讓上帝葡萄園的其它地區，也有機會得到設施。要讓別的城市也建有我們的機構。——《特別證言》系列二6:40（1908）{MTC 65.4}

把工作人員分開會削弱兩地的工作——在夜間的異象中，我參加一個會議，史密斯·夏普弟兄正談到要分開在納什維爾（田納西州）的人力，帶一部分人去查塔努加（田納西州），還提出了其它幾件事。然後那位從未犯錯的策士便發言，改變了整個會議的氣氛。祂制定了原則，說明工作力量不要分開。需用來建立一個中心的人力，不要用來建立兩個中心。要把所有的人力都用在一處，並且團結一致，使那個中心取得成功。要使納什維爾成為一處，亮光要從它發出去，照到遠處地區。要是史密斯·夏普弟兄極力主張的建議被遵從了，就得建兩棟大樓，而當時所有的財力幾乎連使一個地方建成都很不易。試圖把

工作分開，並在兩個地方開展工作，會削弱兩個地方的力量。要盡量在一個地方把工作做得完整、完全。——《信函》1901年第79號{MTC 66.1}

要公平、公正、明智地使用資金——需要在許多地方開展城市工作時，不適當地把財力單單投在一個地方，只在一地高舉這工作，乃是不對的。這是自私和貪婪。主特別譴責這種表現，因為它在世人面前誤表了祂的聖工。祂希望祂的工作由公平、公正、和明智來管理引導。祂並不要求建立大型機構。葡萄園的一個角落並不是全世界。全世界的許多地區都要為上帝建堂，好傳揚祂的真理。我們應當採取這種合理的做法，以便以十分明智的態度站在大城市中，使得不同於我們信仰的人，也願意出錢幫助我們。我們所擁有的每一塊錢都屬於上帝。萬軍之耶和華說：「銀子是我的，金子也是我的。」(該2:8) {MTC 66.2}

可是有些人卻不承認祂的物主身份。他們所在的工作園地雖然已經有了大量的設施，他們卻繼續從主的庫中提取錢財。他們並不考慮園地其它部分的需要，那些地區需要他們已經擁有的設備，必須得到幫助。他們願意同樣熱心地工作，為別的某個地區提供他們以為自己的園地需要的設施嗎？人人都須考慮有些城市還從未聽過信息。——《文稿》1903年第53號(《懷愛倫文集》13:406, 407;17:286) {MTC 67.1}

金錢上的妒忌妨礙了工作的進展——多年以來，主一直指示我城市工作的責任，我也一直在催促我們的信徒，並發出開闢新園地的指示。有些人因恐懼而心生妒忌，他們很擔心那些想要去新的區域加入事工的，會得到他們認為要使用在另一項工作所需的收入。有些擔任此位的人認為，若沒有經過他們親自了解和批准，就都不能做。所以有效能的工人有時受到妨礙和耽擱。這使得進入新區開展工作的車輪，前進得十分沉重與緩慢。——《文稿》1910年第21號(《醫療佈道論》302) {MTC 67.2}

牧師不要關注財務細節

傳道人不要負責城市工作的財務細節——我不知道我們的傳道人何時才能學會放下事務和財務問題。我再三蒙指示，看到這並不是傳道工作。他們不可負上城市工作在細節方面的重擔。他們要準備就緒，到已經引起慕道興趣的

地方去，尤其要參加我們的帳篷大會。他們不可在這些大會正在進行時候流連於城市之中。──《文稿》1902年第104號（《懷愛倫文集》17:52）{MTC 67.3}

6 | 培養和訓練工人

　　教會的屬靈和成長與信徒的傳道熱情成正比——教會的虔誠、屬靈知識的進步和其成長，是與投入其中的熱忱、虔敬、並宣教的知識息息相關的；若進一步實行在那些極需我們幫助的人身上，就會成為莫大的福分。我再次敦促你們思考〈以賽亞書〉第58章。這一章開闢了廣闊的葡萄園，好開展上帝所指出的各項工作。這項工作一旦展開，道德水準就會提高，教會就不會停滯不前。
——《文稿》1897年第14a號（《基督復臨安息日會聖經註釋》4:1148）{MTC 69.1}

　　屬靈的成長源於積極的服務——每一位信徒都要為主做一份工作。有些人不像別人做得那麼多，但每一個人都要盡自己的努力來抵制在普世氾濫的罪惡疾病。……{MTC 69.2}

　　沒有什麼比為別人服務更能激發自我犧牲的熱情，並拓展和加強人的品格了！許多自稱基督徒的人在加入教會時，只為自己著想。他們享受教會的友誼和傳道人的照顧，成了興旺教會中的成員，卻吝於為人服務。他們就這樣失去了最寶貴的福氣。……{MTC 69.3}

　　擠在一起的樹木，是不會健壯的。園丁種樹要留下成長的空間。同樣的作法也有利於許多大教會的信徒。要把他們放在能積極發揮基督徒作用的地

方。他們若沒有為別人做自我犧牲的工作，就會喪失屬靈的生命，變得萎縮而無能。如果把他們移植到其它傳道的園地，就會長得強壯有力。{MTC 69.4}

但是任何人都不必等到遠方園地的呼召才開始幫助別人。工作的門戶到處都敞開著。周圍的人需要我們幫助。到處都有寡婦、孤兒、患病的、垂死的、憂悶的、灰心的、無知的、和被社會拋棄的人。——《服務真詮》149-152 (1905) {MTC 70.1}

基督是完美的榜樣

不只是講道還需要基督的品格——我出席了傳道人的晨更聚會 (1891年3月15日，星期日，在密西根州巴特爾克里克)。主的福氣臨到我，我講話大有上帝之靈的彰顯及能力。有許多人已將聖工推及至很大的範圍。主耶和華已為了宣教而將基督交予這世界。傳道工作不只是講道。主希望祂的傳道工人居於最被關注之地。在上帝心中，各人的服務在創世以前就存在了。祂定意讓祂的傳道人完美地表現祂自己和祂的旨意。沒有人可以完成此工；上帝便賜下基督，在人性中實現人類完全順從上帝的旨意和道路時所有的理想狀態。上帝的品格在祂兒子的生命中彰顯出來。基督不僅僅擁有真服務的理論，而且在祂的人性中，活出了上帝所嘉許的服務榜樣。真服務的每一個特徵都帶有完全的標誌。永生上帝的兒子基督，不為自己而活，乃為上帝而活。——《文稿》1891年第23號 (《懷愛倫文集》18:380) {MTC 70.2}

基督降卑自己為要提拔罪人過高尚的生活——我們看到基督慷慨地對待貧窮受苦的人，耐心地對待粗魯無知的人，看到祂的捨己和犧牲時，我們就讚歎不已，滿心崇敬。人因罪惡與悖逆而與上帝疏遠，上帝卻厚賜人何等大的恩賜啊！在默想這種無法言喻的愛之時，真令人肝腸寸斷，淚如泉湧！基督降卑自己取了人性，以便接受淪陷在禍患與墮落深淵中的人類，提拔人過一種高尚的生活。——《預言之靈》2:286 (1877) {MTC 71.1}

有效見證的特徵

表現真正的基督教——世界需要真實基督教的憑據。罪惡的毒素常在社會的心臟中發作。許多城市和鄉鎮都沉溺於罪惡和道德的敗壞之中。疾病、痛

苦和罪孽充斥於世界。遠近各地都有人處於窮困苦難之中。他們因自覺有罪而心負重憂，並因缺乏一種拯救的影響而喪亡。真理的福音經常擺在他們面前，然而他們卻滅亡了。這是因為那些應該作為「活的香氣叫人活」（林前2:16）之人的榜樣，竟作了死的香氣叫人死」。他們的心靈所喝的乃是苦水，因為那應該像活水泉源「直湧到永生」（約4:14）泉源的，竟含有毒素。{MTC 71.2}

鹽必須與所醃之物調和；必須侵入滲透，方可生效。照樣，福音的拯救之能也必須藉著個人的接觸和交往，才能普及世人。人不是一批一批，而是一個一個得救的。個人的影響乃是一種力量。它必須與基督的影響合作，是要提拔基督所提拔的，傳授正確的原則，並遏制這罪惡世界腐敗潮流的發展。它必須傳播那惟有基督所能賜的救贖恩典。它必須藉著純潔榜樣的力量連同熱忱懇切的信心與愛心，才能夠使別人的生活和品格得到提高，而趨於優美。——《先知與君王》232（1917）{MTC 71.3}

根除 切自私 倘若復臨信徒能夠立即覺醒，去做所派給他們的工作，真理就必藉著聖靈的能力，以清晰明白的方式，傳遍我們所忽略的各城市了。一旦全心全意地從事工作，基督恩惠的功能就必顯出來。那在錫安城牆上守望的人，自己要大大警醒，並要喚醒別人。上帝的子民應在各人為祂所作的工作上忠誠勤懇，以致在他們的生活中，毫無自私自利的存在。這樣，祂的工人就必意見相合；而……那在基督生平中所彰顯的能力，也必顯露出來了。信任必恢復，我們的各教會之間也必聯絡一致了。——《教會證言》卷九32,33（1909）{MTC 72.4}

傳道人要與窮人交朋友——每一位傳道士在上帝的信徒中間都應作貧窮、受苦和受壓迫之人的朋友。基督總是與窮人作朋友。窮人的利益需要小心維護。對於貧窮受苦的人往往太缺乏基督化的同情、關心和愛護了。應當向貧窮不幸的人表現出仁愛，就是神聖而純潔的愛。——《信函》1909年第168號（《醫療佈道論》310）{MTC 72.1}

城市工作需要受過教育的工人

需要受過教育有知識的人而不是新手——上帝的各部門聖工都需要受過

教育有知識的人；因為新手在開啟隱藏的財寶使人富足的事上不能成就蒙悅納的工作。上帝計畫讓學校成為培養耶穌基督工人的機構，使祂不至蒙羞。這個目標要始終擺在我們眼前。人們通過適當的培養所能達到的高度，迄今未被認識。我們中間有一些人具有非凡的才幹。如果加以運用，現今只有一個傳道人的地方，就會有二十個了。醫生們也會受到教育與疾病作戰。——《給傳道人和工人的特別證言》系列一3:22（《給傳道人的證言》195）（1895）｛MTC 72.2｝

需要熟悉人性、仔細思想並懇切祈禱——要知道怎樣接近人、將關係永生福樂的大事講給他們聽，就必須熟悉人性、切心研究、仔細思想、並懇切祈禱。——《傳道良助》92（1915）｛MTC 73.1｝

需要了解人性——要改造人性，就必須先了解人性。惟有藉著同情、信任和仁愛，才能打動和昇華人性。——《教育論》78（1903）｛MTC 73.2｝

需要心理文化的認識——為了應付時代的要求，我們這班人需要擁有當代心理文化方面的素養。——《教會證言》卷四414（1880）｛MTC 73.3｝

不斷成長的重要性——凡負重責的人應當不斷進步。他們不應單靠以往的經驗，覺得不必成為好學的工人。——《教會證言》卷四93（1876）｛MTC 73.4｝

知識教育的重要性——我已經把關於學生們的事寫信告訴懷特，並使他看出在任何一種知識領域尋求教育的必要性。這事展開在我面前已有一段時間了，我也向幾個人講了使人們認識到這個問題的必要性。——《信函》1895年第43號｛MTC 73.5｝

各種傳道工作都需要人

各種傳道工作都是最高尚的——傳道工作的任何一方面都是所有工作中最高尚的。所以，應當使青年人時常記得，沒有什麼工作較比傳福音的工作更蒙上帝賜福。｛MTC 73.6｝

不可攔阻我們的青年參加傳道的工作。現在有一種危險，就是有人會因熱情動人的宣傳，而被吸引偏離上帝所吩咐他們當行的路。有一些人原應預備自己加入傳道工作，卻被人慫恿，轉而習醫去了。主呼召更多人進入祂的

葡萄園裡作工。有命令發出來說：「要鞏固前哨陣地。世界各處都要有忠心的哨兵。」青年們，上帝呼召你們。祂呼召胸襟開闊、志向遠大、深愛基督和真理的青年大軍。——《總會每日公報》1899年3月2日，第129頁（《健康勉言》558）{MTC 74.1}

需要志願者從事傳道工作——主正在招募志願者。這些人要堅決站在祂一邊，立誓與拿撒勒人耶穌聯合，即刻從事當今所需要的工作。上帝子民的才能應當用來向世界傳揚最後的慈憐信息。上帝呼喚凡在我們的學校、療養院和出版社工作的人，要教導青年人做好傳道工作。我們的光陰和錢財不要那麼大量地用在建立療養院、食物工廠、食品商店、餐館，而忽略了其它方面的工作。凡應當從事傳道工作、查經工作、文字佈道工作的青年人，不要全都在這些教會機構裡上班。——《基督教育之研究》即《給父母、教師和學生的勉言》494,495（1913）{MTC 74.2}

自養的傳道人

未開發的地區需要自養的工人——在許多地方，自養的傳道人能取得很大的成效。使徒保羅曾作為自養的傳道人，把基督的信息傳遍世界。他白天在歐亞各大城市宣傳福音，晚上則從事他的手藝，維持自己和同伴的生活。……{MTC 74.3}

世界各地都需要仁慈的使者。需要有基督徒家庭搬到處於黑暗與錯謬中的地區去、或是到國外去，以了解同胞的需要、從事主的聖工。如果這些家庭能住到地上黑暗的地區，到那些屬靈被烏雲籠罩的人們中間去，讓基督的生命之光通過他們照耀出來，他們將能成就何等高尚的工作啊！——《服務真詮》154-156（1905）{MTC 75.1}

在服務他人方面上帝甚至悅納有限的才幹——在這批會眾中沒有為主作工的人嗎？這裡沒有人應該進入新的地區作傳道工作嗎？我們需要家鄉佈道士，也需要願意出去進入新園地、並且看到自己能做什麼的佈道士。要把你的一千銀子或二千銀子拿去做買賣。你的才幹雖然有限，上帝也必悅納。為何把它們埋在地裡呢？要去作工，盡力而為，上帝就必使你的努力有所果效。我寧

願帶著禾捆而不是金銀財寶到主面前。只要賜給我生靈作為我工作的果子，我就不願祈求今生的便利或安逸。這裡難道沒有人是必須要對上帝借給他們的能力交賬的嗎？有生靈需要你們為他們作工；有青少年要你們去懇求。在節制方面有工作要做成；你們坐在這裡，從安息日到下一個安息日，聽著真理，同時卻有生靈正在你們周圍滅亡。為何不把上帝已賜給你們的亮光，照在別人的道路上呢？我請求你們鄭重地思考這個問題。——《評論與通訊》1888年12月18日 {MTC 75.2}

需要自我犧牲的精神

本著與起初一樣的自我犧牲之精神作工——葡萄園各部分的工作都要做成。在傳播信息初期雖有好的開端，但工作並沒有照上帝所希望的發展。我們太過集中在巴特爾克理克、奧克蘭和其它幾處地方了。我們的弟兄們絕不應該只在一個地方建造，像他們在巴特爾克理克所做的那樣。在許多園地一直都沒有做什麼工來記念上帝。這是不對的。多年前我們的許多工人和信徒都有捨己和自我犧牲的精神。他們的努力取得了成功。主已表示祂的工作應當照著與起初一樣的精神推展。世界要受到警告。一個又一個的園地仍未開工。我們身為子民，豈不應當用我們的行為、在任務上的安排、以及對一個未得救世界的態度，做出與二十、或三十年前所做截然不同的見證嗎？難道我們要拿出屬靈疾病和缺乏明智計畫的證據嗎？關於這世界歷史末後日子的大光已經照在我們身上。看到生靈正在罪中滅亡，這應該使我們動員，將現代真理的亮光，傳給如今那些在黑暗裡的人。上帝的使者們必須以能力為披在身。他們必須對真理有一種他們現在還不具有的崇敬。主莊嚴神聖的警告信息不僅要在我們的各教會傳揚，也要在最困難的園地和罪惡最多的各城傳揚——將第三位天使之信息的亮光傳到尚未聽見的每個地區。每一個人都要聽到參赴羔羊婚筵的最後邀請。——《信函》1902年第128號（《克雷斯選集》72,73）{MTC 75.3}

聖靈的澆灌

聖靈授權給工人——凡希望得機會從事真實傳道服務的人，若願毫無保留地獻身給上帝，就必在文字佈道工作上得到機會，講論許多關於不朽來生的大事。如此獲得的經驗，對於那些訓練自己作傳道工作的人具有最大的價值。

上帝的聖靈與作工的男女同在，預備他們成為上帝羊群的牧者。他們在一切苦難的經驗和試煉之中，一想起基督是他們的同伴，就會覺得有神聖的敬畏和聖潔的喜樂。他們在作工時必學習怎樣祈禱。他們必在忍耐、慈愛、溫和，及有益的事上都受教導。他們必實行真誠的基督徒精神，心裡記著基督是他們的同伴，祂必不認同人有粗暴不仁的言語或情感。他們的言語都要變為清潔，並視說話的能力是一種借給他們從事高貴聖潔之工的寶貴才幹。凡作上帝代表的人，必須學習怎樣代表那與他聯合的神聖同伴。他對那位看不見的聖者，必須顯出尊崇和恭敬來，因為他正在負祂的軛，並學習祂純潔聖善的作風。那些信靠這位神聖同伴的人，必有長進，他們必蒙賜予權柄，使真理的信息披上聖潔的美麗。──《教會證言》卷六322（1900）{MTC 76.1}

預備醫療佈道士

合格的傳道人和醫師都很需要──我很高興有些人想作醫療佈道士。但是不能人人都去做現今完全定義上的醫療佈道士。必須要有合格之人從事現在正做的事工，就是把末世警告的信息傳給世界各地、各城、各鎮。他們不能再花上幾年的光陰去學習醫療佈道工作。雖然有些人覺得這是他們的工作，並且決定受這方面的訓練，但有些人卻覺得他們必須訓練自己作忠心的傳道人並上帝羊群熟練的牧者，以便按時分糧給羊和小羊。──《信函》1893年第86a號（《懷愛倫1888資料集》1148）{MTC 77.1}

醫師要教導傳道的護士──在我們的學校中，那些要作傳道士的護士們，應當從合格的醫師領受教導，其教育的一部分也當學習如何對付疾病，並且說明自然療法的價值。這種工作是極其需要的。……上帝呼召改革者興起，為上帝所制定給人、要維護身體的定律起身辯護。同時他們也當在訓練意念和培養心思上，維持一個高尚的標準，好使那偉大的醫師，可在需要救助受苦患病之人的慈善之工方面，與人類的助手協力合作。──《教會證言》卷六136（1900）{MTC 77.2}

青少年要受訓練從事城市工作

青少年最能照顧人們的需要──我們各城中的青少年如果齊心協力反對

不敬虔和犯罪行為，他們的感化力就會大大推進改革事工。每一個青少年都有權利和責任成為仁慈的使者，去關顧人類的需要和不幸。沒有什麼人比年輕人更能為上帝和人類獲致更大的果效。——《時兆》1881年11月3日 {MTC 78.1}

青少年要受教成為有用的人——要將服務的真正動機常擺在老老少少面前。教育學生的方式要使他們願意發展成有用之材。要利用一切可以提拔他們、使他們高貴的方法。要教育他們盡力發揮自己的能力。——《評論與通訊》1904年5月26日 {MTC 78.2}

青年人要成為社會的福氣——我們若能喚起學生的道德責任感，使他們看見並感覺到社會對他們有所期待，使他們願意活出一種順從自然定律的生活，就能藉著這種生活方式和影響，以及教訓和榜樣，對社會有利，為人類造福。應當使青年人銘記，每一個人都對社會有影響力。這種影響或者是高尚有益的、亦或者是卑劣有害的。——《基督教育之研究》84（1913）{MTC 78.3}

青少年必得上帝幫助——上帝必幫助我們的青少年，像祂幫助了但以理那樣。只要他們願意像但以理那樣毫無保留地將自己的意志交給祂，並且重視在悟性上長進的機會，祂就必賜給他們智慧和知識，也必使他們心中充滿無私的精神。祂必把擴大的計畫放在他們心中，也必在他們設法引領人們來到平安之君的麾下時，使他們生出盼望和勇氣。——《文稿》1904年第38號（《懷愛倫文集》4:125）{MTC 79.1}

稱職的領導要在青年工人面前樹立崇高的理想——應當要對專門從事城市工作的傳道士更加重視。每教育和訓練一組工人都應該要安排一位勝任的領導人來指導。他們自始至終都應當認識身為傳道士的崇高使命。這種有系統的工作，若經智慧來引導，就能產生豐碩的成果。{MTC 79.2}

在這方面我們不是沒有動工，可是這項工作常常被縮減，以致失去其長期的果效。現在需要誠懇盡力地作工。受全球總會所聘用的青年人應當明白他們不只是講道，也要服務。要覺得自己身負嚴肅的責任，尋找拯救失喪的人。——《信函》1892年第34號（《醫療佈道論》301）{MTC 79.3}

青年人透過與有經驗的工人同工而學習——在國內受過正規教育的許多

青年，我們都當訓練他們去做主的工，並且鼓勵他們以忠心而有計畫的工作，到許多新的地方去高舉真理的標準。他們如果能與我們的傳道人以及在城市工作上有經驗的工人合作，就能領受最好的訓練。他們在上帝的指導之下，加上一些資深的同工常為他們祈禱，就可做出好成績來。當他們與老年同工協力合作，並儘量發揮少年人的精力時，天上的使者也必與他們同行。如此，他們既與上帝同工，就可暢快地歌唱、祈禱，並自由自在、充滿信心和勇氣地去做工。他們和他們的同工既已從天上使得到了信心和把握，必定會帶來歌頌、祈禱、和真信仰的純樸。{MTC 79.4}

我們應作出周詳的計畫與努力，在培訓信徒作工方面，不可遲疑。要揀選能完全獻身，且明白工作之神聖性和重要性的人，來擔負大城市中的工作。凡沒有資格擔此重任的人切不可派出。我們所需要的就是能推進十字架勝利的人；就是能在困苦失望中奮鬥到底的人；就是具有做傳道工作不可少的熱心、決心和信心的人。至於不能親自參加教會工作的人，我要對他們說：不要攔阻凡願意做工的人，而要鼓勵、支持他們。——《教會證言》卷几119（1909）{MTC 80.1}

有經驗的工人要陪伴年輕的醫療佈道士——在解救受苦人類方面有一項重大的工作要完成：透過接受教育和訓練、要成為能幹的醫療佈道士之學生們所做的工，會使許多住在城市中的人知道第三位天使信息的真理。在事工初期，有經驗並獻身的領袖和教師應該和這些年輕的工人一起出去，指示他們如何作工。當那些敬畏且尊榮上帝的人向你們好意的獻上食物時，要接受他們的好意。這樣就有機會進行交談，解釋聖經，唱經文詩歌和與那家的人一起禱告。這樣做就會使許多人得福。——《與羅馬林達療養院和醫療佈道學院有關的證言和經驗》（第95號小冊）第15,16頁（《健康勉言》541）（1906）{MTC 80.2}

已婚夫婦要監管年輕工人——應該有行事嚴謹得體的已婚夫婦從事佈道工作。……{MTC 80.3}

在我們各傳道區居首的人們即使有精金一樣純正的品格，也需要不斷與上帝聯絡，以便保守自己純潔，並且知道如何明智地管理年輕人，以便大家都

保守自己的思想不被玷污，不被敗壞。所說的教導要具有提拔人、使人高貴的性質，好使心中充滿純潔高尚的思想。——《文稿》1890年第19a號（《總會每日公報》1893年2月6日，第162頁）{MTC 81.1}

年輕工人的教育要徹底——需要具有智慧與經驗的男女教師（在首都華盛頓的新學院施教），既能在業務方面教導年輕人，又能教導他們如何去做真正的佈道工作。凡是能使年輕人在正確的原則上接受正確訓練的教育，都不要忽視。——《評論與通訊》1904年5月26日{MTC 81.2}

不認真的年輕工人會抹黑對外佈道的努力——主在我們的各大城市中有許多寶貴的生靈，應該讓他們接觸特別適用於現代的真理。然而從事佈道工作的青年男女採取了輕率的做法，就使聖工蒙羞，折損了傳道的志氣。這種有缺陷的品格使上帝與傳道之地隔絕。不需要數週或數月的時間，就能看透許多工人的品格。他們的行為是得罪上帝的。社會上有種種罪惡是基督徒所厭惡而不願去行的。假如把那些輕浮而體貼肉體的人安置在我們的傳道區，他們的影響就容易降低傳道區一切事物的水準。——《總會每日公報》1893年2月6日，第162頁{MTC 81.3}

城市傳道訓練學校

需要重視培訓城市工人——我們這一群為主工作的人，其積極性遠不及作為傳道士應達到的一半。只要我們受聖靈激發，在現今只有一個傳道士的地方，就會有一百個傳道士。在每一個大城市裡都要有一批訓練有素、組織良好的工人，不只是一兩個，而是幾十、幾百個人從事工作。……應當更加重視對專門從事城市工作之傳道士的教育訓練。——《總會每日公報》1893年1月30日，第37頁{MTC 81.4}

家庭式的環境適宜培訓傳道的工人——赫斯格夫婦在田納西州納什維爾最好的一個地區租下了一所房子，並聚集了一群助手，他們日復一日地出去與人查經，銷售我們的報紙，也做醫療佈道工作。在敬拜的時辰，工人們敘述自己的經驗。查經課程在家中也定期舉行，從事這項佈道的青年男女在與人查經和銷售我們書刊方面，得到了充分的實際訓練。主已經祝福了他們的工作，許

多人接受了真理，還有許多人深感興趣。{MTC 82.1}

那些響應基督的呼召並撒下漁網的漁夫們，就是以這種方式受訓練的。類似的工作應該在許多城市中進行。出去到這些城市中作工的青年應該在有經驗並獻身的領導者之下受指導。但願能提供給工人們一個美好的家，使他們可以在其中得到充分的訓練。主有一項寶貴神聖的救靈工作要在世上完成，而且現在就要做成。要以一種比以前更高尚的個人責任感來推進這項工作。——《評論與通訊》1905年9月7日 {MTC 82.2}

訓練包括個人之工和公眾聚會　　挨家挨戶的佈道工作，與開佈道會是同樣重要的。在大城市中，有幾等人是公眾聚會所接觸不到的。我們必須尋找他們，就像牧人尋找他迷失的羊一樣。我們必須為他們作殷勤的個人之工。個人之工若被忽略，許多寶貴的機會就會失去；若能善用這些機會，聖工就必穩步前進。{MTC 82.3}

在大會上宣揚真理，會激發人探索的精神；但很重要的是，引起人們的興趣後，就要有個人之工投入。要教導那些願意研究真理的人殷勤查考聖經，幫助他們建立在堅固的根基上。在他們宗教經驗的這一重要關頭，讓一批受過專門指導的查經員幫助他們，向他們的悟性敞開聖經的寶庫是多麼重要啊！{MTC 83.1}

在城市中開佈道會的期間，也應設立查經訓練學校來教導工人，這樣就可圓滿地進行均衡的工作。從事這種訓練學校或城市佈道的工作，必須是一些經驗豐富、又有深切屬靈悟性的工人，他們能夠每日指導那些查經員，又能全心全意地協力作公眾佈道工作。人們既然悔改歸向真理了，凡在佈道所中當領袖的就該多多禱告，指示這些新悔改的人，如何在心中體驗真理的能力。這樣的佈道會，在有能力之人的聰明管理之下，必如明燈照在暗處。——《傳道良助》364,365 (1915) {MTC 83.2}

教育合同

培訓要有服務合同——在允許人們參加我們傳道區的培訓學校之前，要簽署一份書面協議，約定他們在接受教育之後要在規定的時間內獻身從事佈道

工作。這是我們的佈道區能成為應有樣式的唯一辦法。那些參加佈道區工作的人要正直坦率，以務實的方式主持這工作。那些受責任感支配，天天從上帝尋求智慧和幫助的人，會聰明地行事，不是出於自私的動機，而是出於愛基督和真理的心。這種人會毫不猶豫且無保留地將身、心、靈都奉獻於聖工。他們會為了工作進展而學習、作工和祈禱。——《總會每日公報》1893年2月6日，第162,163頁。{MTC 83.3}

需要城市佈道經驗

在城市佈道的經驗增強人的信心——那些擠進巴特爾克里克並且留在那裡的人，目睹了許多會削弱他們的信心並使他們不信的事。他們若是努力把自己從上帝所領受的道傳給別人，就會獲得更加實際的知識。他們應該分散出去，在信仰純正之人的訓練下，到我們的各個城市中作工。那些教導這些工人的人若是真實忠誠，就會完成一項大工。{MTC 84.1}

應該前所未有地在城市作工。那原應該在二十年前、實際上是早在二十多年前就應該做成的事，現在要迅速做成。城市工作現在做起來雖然會比多年前困難得多，但也會達成。{MTC 84.2}

我們的工作變得困難，是因為不得不對付許多錯誤的理論，也因為缺乏能幹的教師和甘心樂意的助手。——《信函》1905年第277號（《保爾森選集》109, 110）{MTC 84.3}

不肯使用才幹最終會使才幹無用——你可以兩手一合，說：「我只是教會的一個平信徒，我不可能承擔什麼任務。」但是你與基督同負一軛了嗎？你在以祂的方式做工嗎？但願你不要再使天上的眾生，和那為人付了無限代價的主憂傷了，也就是說你不要再拒絕成為傳光的管道，不要再拒絕與天上的力量合作救靈了！我們卻要「趁早睡醒」（羅13:11），並將我們一切天賜的能力投入工作，以便在天上的案卷中記下我們是「愛惜光陰，因為現今的世代邪惡」（弗5:16）。我們若是一直不使用我們的才幹，就會完全喪失使用它們的能力。心智乃是上帝的恩賜，原是要用來提高和發展的，好使我們能啟迪他人；但它卻可能被濫用並誤用於撒但的工作。——《評論與通訊》1896年4月21日 {MTC 84.4}

不要安排老年人到城市工作

老年人或體弱的人不適宜做城市工作——不要把年老或體弱的人派到擁擠、不利於健康的城市去工作。而要讓他們在不致無謂犧牲生命的地方工作。如果能找到適合退休、安養的地方做工,就沒有必要非在喧鬧混亂的環境中,使自己的健康受到威脅。——《信函》1909年第168號(《醫療佈道論》309){MTC 85.1}

7 | 教學和收穫的方法

　　要指教信徒如何為他人作工──那些作信徒領袖和教師的人要指教信徒們如何在傳道方面作工，然後要展開廣傳信息的偉大工作，這信息必須在危機到來之前喚醒每一個未開工的城市。當危機來到時，撒但就會以他的勢力關閉那些正向第三位天使之信息開放的門戶。上帝要求我們向每一個城市傳揚現代真理的信息，而不是把工作限制在少數地區。只要發現有什麼地方為真理開了門戶，就要派能幹的人駐紮在那裡，以感動人心的大能和確信，傳講真理的教訓。──《文稿》1909年第61號（《懷愛倫文集》10:215,216）{MTC 86.1}

　　教會成員要學習把真理傳給他人──寶貴的救人真理已向我們教會的肢體再三傳講，同時就在我們有組織教會的各城中，正有生靈因缺乏教會信徒所能傳授的知識而滅亡。我們幾乎不知道什麼是主動進攻。信徒們若是十分清醒，把握良機傳播亮光，就會發現大量可做的工作。因意識到跟從基督之人所背負的重大責任而有的懇切熱心、謹慎自守和啟示，會有力地支持真理。那些自我犧牲的基督徒必因過著實際敬虔的生活而給鄰舍留下一種印象。他們必認真從事主的服務，宣揚那召他們出黑暗入奇妙光明者的美德。他們必順從基督的指示：「你們的光也當這樣照在人前，叫他們看見你們的好行為，便將榮耀歸給你們在天上的父。」（太5:16）教會的每一個成員都應該學習如何將亮

光傳給那些在黑暗裡的人。要讓每一個人都為靈魂警醒,「好像那將來交賬的人。」(來13:17)——《評論與通訊》1895年6月11日 {MTC 86.2}

宣講聖經的真理

盡量從清楚傳講福音開始——有一項神聖嚴肅的工作要做成。要在那些還未聽到福音筵席初次邀請的人中間,高舉真理的旗幟。每一種工作都要進入狀態。我們要在大路上揚聲宣講信息,召集凡願意來赴羔羊婚筵的人。這是我們正在進行的。我們正在還未聽過現代真理信息的城市和鄉鎮舉行帳篷大會。我們一開始並不向這些人傳講他們不明白的教義問題。首要之事,也是最重要的事,乃是要傳講我們的主耶穌基督是擔罪者,是赦罪的救主,盡可能地把福音講清楚,從而融化和折服人心。——《信函》1899年第4號 {MTC 87.1}

向願意聽的人揭示聖經的真理——在我們的城鎮中,有許多人還不知道聖經的真理,許多人將要在罪中滅亡。一些人憑著好奇心來到我們的會堂。但願每一篇講道都能顯示適用於現代的偉大真理。要把救贖的奧秘向學生和聚集來聽道的會眾講解明白。這種知識是受過教育的人和沒有學問的人都需要的。人在研究敬虔的奧秘時,就必獲得最高的教育。上帝之道的偉大真理若被人相信、領受,並在生活中實行出來,就必成為最高等的教育。——《基督教育之研究》即《給父母、教師和學生的勉言》398 (1913) {MTC 87.2}

用簡單的語言傳揚聖經真理讓所有人都能明白——上帝正在對祂當代的子民說:「到城市中去,憑著信心,用簡單的語言傳揚真理。聖靈會透過你們的努力感動人心。不要在你們的信息中摻雜奇怪的道理,要用簡明的話語傳講基督的福音,使青年人和老年人都能明白。要讓受過教育的人和沒有學問的人都明白第三位天使信息的真理。要用簡明的話傳講。如果你要接近人,受他們接納,就當在上帝面前謙卑己心,學習祂的方法。」——《評論與通訊》1912年1月18日(《醫療佈道論》299) {MTC 88.1}

只能根據理解的程度來揭示聖經真理——昨晚我在睡覺的時候似乎是與弟兄們去赴一個聚會,聽到那位說話大有權威的主說:「許多人要參加這個聚會。他們實在不明白那將要擺在他們面前的真理。他們都要傾聽並發生興趣,

因為基督正在吸引他們。他們的良心告訴他們：他們所聽見的是真實的，因為有聖經作為其基礎。要非常小心地對待這些生靈。……在開始時，不要向人展示我們信仰中最令人反感的部分，免得你使他們對這新的啟示閉起耳朵。」{MTC 88.2}

「這部分的真理，要在他們能夠理解和欣賞時提出來；雖然它會令人驚奇，但許多人會高興地接受那照在聖經上的新亮光，然而如果把這麼多真理一併提出來，而他們不能接受，有些人就會離開，永不回頭。更有甚者，他們會誤解真理。在他們的講解中會曲解聖經，以致混亂別人的心思。我們現在必須善用環境的各種便利，提出耶穌裡的真理。在提倡真理時，不應有好鬥或好辯的態度。——《文稿》1894年第44號（《給傳道人和工人的特別證言》系列一3:13,14）（{MTC 88.3}

應該宣講的題目

許多人只知道他們傳道人所教導的——人們完全不知道真理，他們根本不知道我們信仰的緣由。他們相信教會傳道人告訴他們的。難道我們不該做任何努力，使他們知道什麼是現代真理嗎？如果沒有錢，能在這些城市裡做什麼來開展工作呢？你若看到的異象使你認為能用一些方法推進聖工，難道還把這些國家撇下，不在這些土地上耕耘或撒種？主會喜悅這種忽略嗎？——《信函》,1893年第9a號（《懷愛倫文集》11:7）{MTC 89.1}

傳講基督快要回來的徵兆——我們深覺時機已經到來，要在我們的各城中做出明確的努力。要閱讀〈路加福音〉第21章。這是我們要傳的信息。這是當代最嚴肅的信息。——《信函》1906年第160號{MTC 89.2}

要強調第七日安息日——應該撥款到許多地區，好在城鎮中開展策略，舉辦帳篷大會，並且建立教會作為真理和公義的紀念。每一次努力都應該為上帝和祂的聖安息日作證。這在我們一切的工作中都要突顯出來並予以宣告，好見證第七日乃是上帝的記號和印記。——《信函》1900年第45號（《懷愛倫文集》9:88）{MTC 89.3}

在大城市裡的公眾佈道

租用會堂或其它宜於聚會的場所——在真理尚未傳播的地區，適合工作的弟兄們可以租一間會堂，或其它宜於聚會的場所，召集凡願意來的人，以真理授之。他們不必長篇說教，只要拿出聖經，讓上帝從祂的聖言中直接說話。赴會的人如果不多，他們可以讀一段「耶和華如此說」。不需亢奮激昂，只須誦讀和解釋簡明的福音真理，與他們一起唱詩禱告。——《評論與通訊》，1891年9月29日 {MTC 89.4}

佈道努力要包括後續工作——我們在努力接觸人時，有可能會使用了無法產生最佳結果的危險方法。在延用此方法時，可能在當下引起很大興趣，但結果卻無法持久的實行這個計畫。福音車的使用固然可以成就一些善工，但在多數情況下，其結果會令人失望。人們會被音樂吸引，也願意聽演講和呼籲。但工人們卻迅速地從一個地方換到另一個地方，以致沒工夫使人們在信仰上堅固，所留下的印象很快就消失了！撒下的種子也沒有多少可以生長結實。及至收割的時候到了，只會收到很少的禾捆。……{MTC 90.1}

在許多地方，人們幾乎不可能進入教堂。偏見、猜忌、嫉妒的風氣十分強烈，以致我們往往找不到地方向人們講說生命之道。若是能在不同地方舉行帳篷大會，那些想聽道的人就有機會了。急需生命之糧的人就會得到供養。{MTC 90.2}

與其在少數地區舉辦大型帳篷聚會，倒不如常在許多地區舉行小型帳篷聚會。要在還未傳過現代真理信息的城鎮舉辦這些聚會。……{MTC 90.3}

此後應該接著進行帳篷聚會和查經工作。有經驗的工人和助手應該留在園地，找出凡有興趣的人。他們應該像尋找迷失的羊那樣工作。許多來參加大會只是要聽聽或看看有什麼新鮮事的人，就會被真理感動，有些人會採取順從的立場。……{MTC 90.4}

在這些聚會中，我們不應該一開始就提出教義問題，聽眾並不明白這些。要介紹那在耶穌裡的真理，以此保持人們的注意。首先最重要的事就是介紹我們的主耶穌基督，祂是赦罪的救主，並以此來融化和折服人心。我們始終

要把髑髏地的十字架擺在人們面前。是什麼造成基督之死呢？是違背律法。要說明，基督受死以給人機會成為祂國度的忠誠國民。{MTC 91.1}

不要以長時間費力的講道來介紹真理，要用短講，切中要害。要教育、訓練人從事周到、全心全意的服務。完全獻身、多多祈禱、熱情誠懇，會使人受感動，因為上帝的天使會在場感動聽眾的心。{MTC 91.2}

要有歌唱和音樂。在古時的宗教禮拜中是使用樂器的，敬拜的人用琴和鈸讚美上帝，音樂應該在我們的禮拜中有其地位。它會加添人的興趣。——《文稿》1899年第3號（《總會每日公報》1899年3月2日，第128號）{MTC 91.3}

在一些地區露天聚會很有效果——必須在城市做更多的工作。露天聚會對有些地方的人是最好的接觸之所。有許多人能做這方面的工作，但是他們必須披上公義的全副軍裝。我們在工作上的要求都非常講究，但得體與合理的要求是需要的。——《文稿》1898年第139號（《對各傳道區的呼籲》，第4號小冊，第15頁）{MTC 91.4}

在城市帳篷聚會上的講員

城市帳篷聚會要使用最好的講員——我們都需要充分醒悟，好在道路敞開時推進大城市的工作。我們遠遠落後，沒有緊隨所得的指示進入這些城市，並為上帝豎立起紀念碑。我們必須逐步引人進入真理的全部亮光。我們必須繼續工作直到組織起教會，並建造起一座簡單的聚會場所。……{MTC 91.5}

工人們要進入我們的各大城市中去，舉辦帳篷大會。在這些聚會中，要使用最佳才幹，大力傳揚真理。要加入擁有不同恩賜的人。單獨一個人並不具備聖工需要的所有恩賜。為了使帳篷聚會取得成功，需要好幾位工人。任何人都不應感到自己有特權擔當全部的重要工作。——《評論與通訊》1902年9月30日{MTC 92.1}

講員要注意自己所說的話——在我們城市裡舉行的帳篷大會上，如果講道人謹慎自己的言語，以聖靈的能力宣講的真理就會感動人心。人們把基督的愛接到心裡，就會消除喜愛錯誤的心。基督生活彰顯的仁愛與慈善，要藉著祂服事的生活來展現。表現在為祂作工之人的生活中。基督生平所顯示的殷勤和

不倦的努力，也要從祂工人的身上來展現。基督徒的品格應該再現基督的品格。……{MTC 92.2}

不要將這方面的工作視為與帳篷大會裡各方面的工作全然有別。上帝聖工的每一方面都是與其它方面彼此密切相關的。工作的方面雖然不同，卻都要以完全的和諧推進。……{MTC 92.3}

要讓凡能夠做到的人，都獻身於長期受到忽視的城市工作，這項工作一直受到人們的冷眼旁觀而轉身離去，就像祭司和利未人從那個受傷的人身邊走過。要全心全意、聰明無私地承擔起各城中的工作。──《太平洋聯合會紀錄》1902年10月23日 {MTC 92.4}

避免奢侈炫耀

無需堂皇炫耀──我想要明確地說，上帝的計畫不是要祂的教會在任何時間、城市、場合、作盛大的炫耀。當主所託付的錢財被用於這種炫耀時，祂就不喜悅，並且受了羞辱。我蒙准許見到最近的一些炫耀並受指示，如此使用的錢財原應用來緩解一些曾借錢給我們的機構、而今需要那些錢之人的情況。有些人很有信心地借出了他們的錢，但他們雖然想要取回自己的錢，卻一直要不回來。從我們的人之中所借的錢，在他們需要時就應該歸還。──《文稿》1905年第162號（《懷愛倫文集》10:230）{MTC 92.5}

祈禱和聖靈的成就超過外表的炫耀──那些在城市中做主工作的人，為了教育民眾，必須付出沉靜、安穩、與充分投入的努力。在他們懇切努力引起聽眾興趣並保持的同時，他們也必須小心，避免任何幾乎會引起他人感情衝動的事。在這奢侈放縱、講求外表的時代，當人們認為必須才能取得成功之時，若上帝所揀選的使者們也浪費財力去作表面工夫是錯誤的。當他們以簡樸、謙和、優美的尊貴之工，來避免各種誇張的事物時，他們的工作就會有恆久向善的感化力了。{MTC 93.1}

確實，謹慎地把錢財使用在各種佈道聚會的宣傳上來穩固地推進聖工乃是必需的。但每個工人的力量，並不在於這些外表的媒介，而在於全心信賴上帝，懇切祈禱求祂的幫助，順從祂的道。在主的工作中，我們應當更常禱告，

更效法基督，更合乎上帝的旨意。外表的炫耀，與錢財的奢侈支出，不會完成所要完成的工。{MTC 93.2}

要以大能力向前推進上帝的工。我們需要聖靈的洗禮。我們需要明白，上帝必增添有才幹及有勢力的人們到祂子民的行列中，盡其警告世界的本分。世上的人並非個個都是不法、罪孽深重的。上帝有千萬未曾向巴力屈膝的人。在傾倒了的眾教會中，有許多敬畏上帝的男女。若不是這樣，主就不會叫我們傳信息說：「巴比倫大城傾倒了了，傾倒了。……我的民哪，你們要從那城出來。」(啟18:2,4) 許多心地誠實的人，正在渴望著從天而來的生命氣息。當我們本著上帝的道呈現福音的優美和純樸時，他們就會賞識福音。──《教會證言》卷九109-111 (1909) {MTC 93.3}

奢侈炫耀違反上帝的旨意──上帝看到了一些曾在紐約工作過的人所做的炫耀；但祂並不贊同那種傳福音的方式。嚴肅的信息與大量糠秕混在了一起，這給人留下的印象與我們的工作不協調。要把救恩的好消息傳到每一個地方，要把警告傳給世界；但我們若本著基督在祂一生的服務中給我們樹立為榜樣的精神行事，就必須實行節約。祂不會在任何地方以這麼大的開銷來表現健康改良。……{MTC 94.1}

在醫療佈道、建築物、服裝、或任何一方面的裝飾上大肆炫耀，都是違背上帝旨意的。要慎重考慮我們的工作，使之符合我們救主的計畫。祂原可讓眾天軍來展示祂為真實君王的本性，但祂卻撇下那一切，以人性的衣袍來到我們的世界，以人性忍受了人類所受的諸般試探。……{MTC 94.2}

上帝號召復臨信徒向世界顯明，我們是在基督為人預備的地方作準備。基督是去為那些願意藉著順從在耶穌裡的真理來潔淨自己心靈的人預備地方。要讓每一個願意來效法基督的人都捨己，背起自己的十字架來跟從祂。那位大教師就是這麼說的。──《信函》1905年第309號 (《評論與通訊》1914年8月6日) {MTC 94.3}

個人佈道

個人見證比公開講道更有效能──藉著社交與人接近 (那些我們想接觸之

人），你會為他們帶來想法的轉變，這遠比那些精彩的講道更有效率。在別人家裡，火爐旁，私宅內，少數人聚集之地介紹基督，往往比在公共場合，人潮來往之處，甚至在會堂或教堂裡的講道，更能成功地引人歸向耶穌。——《評論與通訊》1885年12月8日 {MTC 95.1}

挨家挨戶佈道——要在各城市開展工作，不只是講道；我們必須挨家挨戶作工。在發出警告，宣講了聖經的真理之後，許多人就會認識到自己的罪。這時需要非常小心。人不能做聖靈的工作。我們只是主作工的管道。工人的努力如果取得了一定的成功，他們往往會產生自滿的精神。但我們不可高抬自己，把功勞歸給自己。工作是主的，神寶貴的聖名應接受一切的榮耀。要讓自我隱藏在耶穌裡面。——《評論與通訊》1902年10月14日 {MTC 95.2}

在鄰里佈道

從鄰里開始——主已將城市中必須完成的工作指示我。這些城市中的信徒可以在自己家庭附近為上帝作工。他們要安靜謙虛地作工，無論何往，總要帶著一種屬天的氣氛。如果他們隱藏自我，並隨時隨處向人指明基督，這樣人們就必體會到他們身上真理的感化力了。——《評論與通訊》1902年8月12日 {MTC 95.3}

住在城市中的基督徒要向別人作見證——我對住在大城市中的基督徒們說：上帝已使你們成了真理的保管人，不是要你們保留真理，而是要你們傳給他人。你們應該挨家挨戶探訪人，作基督恩典的忠心管家。你們在工作、集思廣益和計畫時，會不斷有新的方法出現在你們的腦海中，你們的智力會因運用而增長。不冷不熱、慢吞吞地履行責任，對那些基督為之而死的靈魂而言，乃是一種傷害。我們若要找到埋在城市垃圾裡的珍珠，就應向前去做大教師所要求我們去做的工作。有些人可以毫不聲張地作工，使人慕道，有些人可以在會堂裡演講。撒但固然會設法麻痺人的理智，使人心眼盲目，掩耳不聽真理；儘管如此，仍要作工。要挨家挨戶作工，不要忽略窮人，他們常被忽略。基督說過「祂用膏膏我，叫我傳福音給貧窮的人」（路4:18），我們也要照樣去做。——《評論與通訊》1895年6月11日 {MTC 96.1}

與朋友分享——我們要認識到對於住在周圍的人負有特殊的責任。要研究怎樣讓那些對宗教不感興趣的人得到最大的幫助。在探訪朋友和鄰舍的時候，要對他們今世和屬靈的利益同表關懷。要告訴他們基督是赦罪的救主，邀請他們到你們家來，與你一同閱讀寶貴的聖經和解釋真理的書籍。邀請他們與你一起唱讚美詩，一同禱告。在這些小小的聚會中，基督必照著祂的應許親自出席，用祂的恩典感動人心。{MTC 96.2}

教會的信徒應該造就自己從事這項工作。這與到國外拯救黑暗中的人是一樣重要的。有些人負有去遠方救靈的重擔，但那多數留在家的人，要擔起對周圍寶貴生靈的責任，並同樣殷勤地為拯救他們而努力。——《服務真詮》152,153（1905）{MTC 96.3}

在人們所在之處接近人——要隨時隨地設法接觸人，千方百計幫助他們。這是真正的傳道工作。只有這樣努力，你才能贏得人心，打開接近將亡之人的門路。……{MTC 97.1}

藉著抨擊我們視為錯誤的習慣，想以此改變別人，是無濟於事的。這種做法往往弊多利少。基督和撒瑪利亞婦人談話時，言語中並沒有貶低雅各井之意，而是想向她介紹更好的。……這個例子說明了我們的工作方法。我們要向人提供比他們所擁有的、更好的東西，就是基督那出人意外的平安。——《服務真詮》156,157（1905）{MTC 97.2}

要接觸所有的人

整個人類大家庭都是我們的會眾——在基督的生活和品格中表現出來的愛，並非狹隘自私的感情。你們要被祂的愛激勵，「將福音傳到你們以外的地方；並不是在別人界限之內，藉著他現成的事誇口。但誇口的，當指著主誇口。因為蒙悅納的，不是自己稱許的，乃是主所稱許的。」（林後10:16-18）那擺在基督傳道人面前的工作，就是要傳福音，既向近處的人，也向「以外地方」的人。這包含捨己，而且必需背十字架。這種工作會使我們持續的成為忠心的家鄉佈道士，並且勇往直前進入新的園地。當我們接近世界歷史的結束時，必須越來越多地開展這種工作。福音不可局限在任何時間地點。世界乃是福音傳道

人的工作園地，整個人類大家庭乃是他的會眾。當他講完一堂道時，他的工作只是剛剛開始；因為生命之道是要挨家挨戶傳講的。必須將真理從這城傳到那城，從這街傳到那街，從這家傳到那家。每一種可以進入人們家中的方法都要予以嘗試；因為使者必須與人們熟識。真理必須從這省傳到那省，從這國傳到那國。大路小路都要徹底拾遺，信息必須從一個大陸傳到另一個大陸，直到全地都被我們主耶穌基督的福音所環繞。{MTC 97.3}

傳道人和佈道士必須始終考慮「以外的地方」。救主曾論到祂的門徒說：「你們是世上的光。」(太5:14) 真理要傳，亮光要清晰穩定地照射出來。必須捨己、自我犧牲、全心全意地投入工作；亮光必須照耀，直到寶貴的生靈決心站在主這一邊。然後工人要繼續進入「以外的地方」，那裡的生靈要被聚集，寶貴的亮光要照在籠罩人們的道德黑暗中。必須這樣傳揚真理，直到那些坐在黑暗中、被死亡籠罩的人，心思受到光照、提升和擴大。每一個工人都必須堅守自己的崗位，不僅要講道，而且要接近人，在他們家中與他們熟識，像耶穌所做的那樣，無私、專誠地作工，直到盡善盡美的完成事工。當一群人興起要把亮光傳給社會時，就會見到門路敞開，邀請工人進入「以外的地方」。上帝的工人要勇往直前，並自始至終依賴聖靈的指導。——《聖經迴聲》1894年5月21日 {MTC 98.1}

每一個有需要的人都是我的鄰舍——凡是在人有需要或痛苦的地方，都是做傳道工作的園地。我們周圍有許多前途無望的人，正在把上帝賜予人的能力，消耗在有害的習慣裡。我們要藐視他們嗎？不，主耶穌已經用無限的代價買了他們的靈魂，就是用祂的心所流的血。你們自稱是上帝兒女的人，是名符其實的基督徒呢？還是以你們一生的行為說明你們只是贗品，是冒牌貨呢？你們有沒有像該隱一樣問主說：「我豈是看守我兄弟的嗎？」主會像對該隱說過的那樣對我們任何人說：「你做了什麼事呢？你兄弟的血有聲音從地裡向我哀告」(創4:9,10) 嗎？難道我們不要做上帝所賜的工作，不去尋找拯救失喪的人嗎？有許多人像那個律法師一樣問：「誰是我的鄰舍呢？」(路10:29) 在靠近耶利哥的地方所發生的事，早已將答案傳到了我們的世代。當時曾有祭司和利未人都從那邊過去了，撇下那個可憐受傷的陌生人，由那個善良的撒瑪利亞人去

照管。每一個受苦有需要的人，都是我們的鄰舍。亞當每一個迷途的兒女，就是被眾生之敵誘捕，受惡習奴役、綑綁，因而使上帝所賜之形象蒙塵的，都是我的鄰舍。——《評論與通訊》1895年11月12日 {MTC 98.2}

要在全世界為上帝作工——我在極其悲傷中醒過來，後來又睡著，覺得自己像是在一大群人之中，一位有權威者正對著大眾演說，在他們的面前，展開了一幅世界地圖。祂說這幅地圖畫的是上帝的葡萄園，是必須栽種的。天上的光照在誰身上，誰就必須將光反照別人。在許多地方必要燃起亮光，從這些光上又要點著別的光。{MTC 99.1}

又重申以下的話說：「你們是世上的鹽。鹽若失了味，怎能叫它再鹹呢？以後無用，不過丟在外面，被人踐踏。你們是世上的光，城造在山上，是不能隱藏的。人點燈，不放在斗底下，是放在燈檯上，就照亮一家的人。你們的光也當這樣照在人前，叫他們看見你們的好行為，便將榮耀歸給你們在天上的父。」(太5:13-16) {MTC 99.2}

我看見從各城各村，地的高處和低處，都有一道道的光照射出來。上帝的話受人遵行，所以，在各城各村之中，都有了祂的紀念所。祂的真理也傳遍了天下。——《教會證言》卷九28,29 (1909) {MTC 99.3}

要將公義日頭的光芒傳給困苦貧窮的人——有一項工作要由我們的各教會做成，是很少人想到的。基督說：「我餓了，你們給我吃，渴了，你們給我喝；我作客旅，你們留我住；我赤身露體，你們給我穿；我病了，你們看顧我；我在監裡，你們來看我。」(太25:35、36) 我們必須奉獻錢財支持收割園地的工人，也要因收進來的禾捆歡喜快樂。雖然這是對的，卻還有一項必須做成的工作沒有執行。基督的使命是要醫治病人，鼓勵絕望的人，療癒心碎的人。這種恢復的工作是要在非常困苦的人中間作成的。上帝不但要你行善，也要你有喜樂的容顏，說希望的話語，並與人握手。要解救上帝的一些受苦的人。有些人患病，喪失了希望。務要使他們重見光明。有些人失去了勇氣，要對他們講話，為他們禱告。有些人需要生命之糧；要向他們讀上帝的話。還有些人是心靈患病的，藥石罔效，群醫束手無策；應當為他們祈禱，領他們到耶穌基督面前。

你們一切的工作都要使基督在人們的心中留下印象。{MTC 100.1}

這就是需要進行的那種醫療佈道工作。要把公義日頭的陽光帶入病人和受苦之人的房間。要教導住在貧窮家庭中的人如何烹飪。「祂必像牧人」，用現世和屬靈的食物「牧養自己的羊群」。(賽40:11)——《文稿》1898年第105號(《醫療佈道和健康教育的呼召》22,23) {MTC 100.2}

同甘共苦——不可獨占屬於貧富貴賤、愚昧智慧各色人等的共有財富。不要輕看一縷光芒，遮擋一線光明，否認或勉強承認一絲亮光。人人都要為真理和正義盡責。社會各階級的利益是密不可分的。大家都應團結在人類的大家庭中。我們若不互相同情，就難免遭受損失。教會若缺乏同甘共苦，彼此同情的心，就無法保持健康的感化力。——《傳道良助》331 (1915) {MTC 100.3}

特定群體

未曾接觸到的人

許多城市居民不知道基督快來——在我們各城中，尚有些人沒有聽見真理的講解，沒有聽過主必快來的警告信息，也沒聽說萬物的結局近了；使者們若不以基督的靈到他們那裡去，這些人怎麼會聽到福音的邀請呢？他們怎麼會知道自己的罪，可以透過一位被釘而又復活之救主的憐憫得蒙赦免呢？——《評論與通訊》1895年7月2日 {MTC 101.1}

窮人

窮人回應福音——上帝的子民大部分是世上的窮人平民。在蒙召的人中，「有智慧的不多、有能力的不多、有尊貴的也不多」。上帝「揀選了世上的貧窮人」，「窮人有福音傳給他們」。從某種意義上說，富人都得到了宣召和邀請，但他們沒有接受。然而在這些罪惡的城市中，上帝有許多卑微但值得信賴的人。——《文稿》1898年第17號(《佈道論》565) {MTC 101.2}

人人都蒙召幫助赤貧的人——弟兄姐妹們，這個呼籲既是為窮人的利益而臨到你們，我就希望你們願意響應。要讓每一個肢體都積極關心這項善工。不要讓耶穌對你失望。聖經充滿我們，使我們明白應該如何對待寡婦和孤兒、以及困苦窮乏之人。要是人人都願做主的工作，寡婦的心就會歡樂歌唱，飢餓

的小孩也會得到餵養，窮乏的人會有衣穿，那些將要滅亡的人就會復甦。──
《文稿》1891年第26號（《醫療佈道》1891年7月）{MTC 101.3}

每一個窮苦的人都需要關注──上帝的旨意是使窮人與富人用同情相助之繩索，彼此密切聯繫。祂吩咐我們應當對自己所認識的各個窮苦人家，表示關切之心。{MTC 102.1}

不要以為去服務窮苦之人是有損自己的尊嚴。──《教會證言》卷六279（1900）{MTC 102.2}

接觸人心的最佳方法──接觸人心的最佳方法就是對受苦之人的需要表示關心。當我們對別人懷抱溫柔的同情時，我們就會將自己的利益與特權分給他人，以此救助人的需要，如此，思想與心靈的培養就容易多了！──《信函》1897年第116號（《論慈善工作》192,193）{MTC 102.3}

需要親自參與──在設法幫助那些窮苦的、被人輕視的、遭人棄絕的人時，不可將自己的尊嚴及優越當作高蹺，而高高在上地向他們作工，因為那樣的做法，是毫無所成的。應當真心悔改，並學主的樣式，祂心裡是柔和謙卑的。我們必須將耶和華常擺在我們面前。既然作基督的僕人，就當常常說這樣的話，免得你們忘記──「我是重價買來的。」{MTC 102.4}

上帝不但要你行善事，也要你有喜樂的面容，說希望的話語，並緊握住祂的手。當你去拜訪那些受苦的信徒時，你會發現有許多人已經斷絕了希望；務要使他們重見光明。有些人需要生命之糧；要向他們讀上帝的話。還有些人是心靈患病的，這世上沒有藥或醫生能治癒；應當為他們祈禱，領他們到耶穌面前。──《教會證言》卷六277（1900）{MTC 102.5}

幫助可以受益的窮人──只要有使主的窮人受益的機會，都要幫助他們。要將他們安置在能自助之處。我們都知道窮人的狀態。要仔細而虔誠的考慮幫助他們的最佳辦法。{MTC 103.1}

主將這個責任放在每一個教會肩上。……主讓每一個教會的範圍內都有祂的窮人。……他們不可忽視主的窮人，而要在奢侈品方面捨己，……以便使

困苦窮乏的人過得舒適。{MTC 103.2}

此後，他們可以更進一步，去幫助那些不是信徒一家的人，只要那些人是適合幫助的對象。——《文稿》1900年第46號(《懷愛倫文集》4:134.421,422；另見《教會證言》卷一272-274) {MTC 103.3}

要提供就業機會——如何使他們在窮困的環境中步步奮鬥呢？這件工作確實困難。若無外力的幫助，人絕不能實行必要的改革。上帝的旨意是要用同情和扶助，把富人與窮人連結起來。擁有資源、才幹、能力的人，應該利用這些恩賜為同胞造福。……{MTC 103.5}

要注意建立各種產業，使窮苦的家庭能找到工作。不論木工、鐵匠，凡懂得某種生產技術的人，都應負起責任，教導和幫助失業和沒有知識的人。——《服務真詮》193,194 (1905) {MTC 103.6}

不幫助窮人就是搶奪了上帝——當從生活中革除一切的奢侈浪費，因為我們工作的時間不多了。我們四周耳目所及，無非是窮困苦難。多少人餐餐不濟；兒童啼飢索食！多少人家徒四壁，缺乏適當的家具和被褥。許多人寄身於窮街陋巷，窮困潦倒。窮人的冤聲已上達於天，上帝已經看到而且也聽到了。然而，卻有許多人仍在自我炫耀。在他們的同胞缺衣乏食，受苦受難時，他們卻花費大量錢財在他們的餐桌上，並且暴飲貪食，過於所需要的。這些自私自利，妄用上帝錢財的人，來日將如何交賬啊！凡是不顧上帝為窮人所作之安排的人，必有一日會發覺不但搶劫了自己的同胞，也奪取了上帝，盜用了祂的財物。——《文稿》1896年第60號(《給傳道人和工人的特別證言》系列一9:68,69) {MTC 104.1}

對別人慷慨不會使自己窮困——耶穌說：「原來那地上的窮人永不斷絕，所以我吩咐你說：『總要向你地上困苦窮乏的弟兄鬆開手。』(申15:11)」……{MTC 104.2}

誰也不必擔心慷慨會使人貧窮。順從上帝命令的人必得富足。……{MTC 104.3}

上帝為以色列人所制定的人生計畫，原是要成為全人類的實際教導。如果今日實行了這些原則，這個世界將會多麼地不同啊！──《服務真詮》186-188（1905）{MTC 104.4}

富裕、受過教育、有勢力的人

要接觸社會的上層人士──福音信息要在每一個城市傳開，因為這符合基督和祂門徒的榜樣。醫療佈道士要耐心地尋求，並真誠地去接觸上層階級的人。專業人員如果忠心地做了這項工作，就能成為訓練有素的佈道士。──《文稿》1901年第33號（《醫療佈道論》241）{MTC 104.5}

我們需要以最佳才幹為上層人士作工──我們要把真理傳給在大街上的人。這項工作竟被忽略了。我們有一項工作要為上層人士去做，而且這項工作需要我們發揮全部的能力。我們雖不能忽略貧窮缺乏的人，但我們既沒有充足的人力、也沒有財力，為那些處於最底層之人作工。我們把我們的作工的對象指向上層人士。這麼做的一切原因我現在無法說明。{MTC 105.1}

成熟可以收割的園地展開在我面前，我們必須為上層人士作工，然後我們才會有力量和才能用來推進上帝已指出的各方面工作。──《信函》1901年第164號，第2頁（《懷愛倫文集》4:420,421）{MTC 105.2}

傳福音給各等需要之人的方法──福音的邀請應當不分貧富貴賤，向各等人發出。我們應當設法把真理傳到新區去，傳給各等的人，主吩咐我們：「你出去到路上和籬笆那裡，勉強人進來，坐滿我的屋子。」（路14:23）祂說：「要在大街上開始，在大道上充分地工作，預備一群人與你一同出去，像基督那樣尋找拯救失喪的人。」──《文稿》1899年第3號（《醫療佈道論》312）{MTC 105.3}

不要忽視有影響的人──這個墮落的世界處在奇怪的掌控之中。人們為酬勞而管理，為工錢講道。在一切的業務交易中都有爭權奪勢的精神。基督若是今日行在我們各城的街道上，很少人會有足夠的興趣跟從祂。那些與世界政權有份的人與基督無份，祂已宣布：「離了我，你們就不能做什麼」（約15:5）。他們既沒有學過大教師的方法，還能作成功的政治家嗎？位高權重的人應該在基督的門下受教。不要避開這些有勢力的人。──《評論與通訊》1900年8月21日

　　按聖經的方法接觸富人——基督的僕人也當為我們在城中的富人忠心作工，就像為一般貧苦卑微的人作工一樣。有許多富人也是容易受福音感化和影響的。如果我們用聖經——單用聖經——向他們解釋基督的信仰和實踐，他們就會受上帝聖靈的感動，為福音的進展開闢門路。他們對上帝的道必顯示一種活潑的信心，會把上帝所交付他們的金錢用來預備主的路，在曠野為我們的上帝修直一條大道。——《教會證言》卷九113（1909）{MTC 106.1}

　　聖靈使用政府官員保護上帝的工作——但只要耶穌仍在天上的聖所為人類作中保，世上的官員和民眾就能感受聖靈的影響。現今，聖靈還影響著人間的法律。若是沒有，世界的局勢就要比現今更惡劣。雖然在官員中有許多是撒但積極的代理人，但在國家領袖中間，上帝也有祂的代理人。仇敵撒但時常鼓動自己的僕人發起一些足以使上帝的工作大受攔阻的法令；但一些敬畏上帝的政治家卻受到聖天使的感化，就用無可辯駁的論據來反對這類提案。這樣，少數人就能擋住強大的罪惡狂瀾。真理之敵的反對勢力，必要受到約束，讓第三位天使的信息可以完成它的工作。當這最後的警告被人傳開的時候，它就必引起現今上帝使用之領袖們的注意，其中也必有一些人接受這警告，並在大艱難時期中與上帝的子民站在一起。——《善惡之爭》610,611（1911）{MTC 106.2}

世俗的學校

　　青少年要實踐使徒彼得所描述的美德——我們的青少年若是願意留心注意並實行在〈彼得後書〉第1章中定下的規則，就會在公義這一方面發揮多麼有力的影響啊！無論他們是在安娜堡（Ann Arbor，密西根州立大學所在地），還是在我們的機構，或在任何負責的崗位上，都能產生影響。——《信函》1895年第43號（《彼得對父母們的勉言》48）{MTC 107.1}

世俗的心思

　　撒但設法使人心轉離真理——未受警告的群眾正在迅速淪為那惡者的玩物。撒但帶領著他們陷入多種形式的愚妄和取悅自己的行為中。許多人追求新奇驚人的事；他們的心思遠離了上帝和聖經的真理。此時，當仇敵正在前所未

有地作工，要吸引人們的心思、使他們轉離真理的時候，我們應該以更多積極的活動在大街小巷作工。我們要殷勤、滿有興致地，在各城中，就是大路上，傳揚最後的憐憫信息，而且工作並不到此為止，還要延伸到周圍的居民住宅區和鄉間地區——進入小路，到籬笆那裡。{MTC 107.2}

各階層的人都要接觸。我們做工的時候，會遇見不同國籍的人。不要忽略任何一個而不予警告。主耶穌原是上帝給全人類的恩賜——不是單給上層人士，也不是單給任何一個國家而排斥其它國家。祂拯救的恩典包括全世界。凡願意的，都可以白白地喝生命的水。——《信函》1911年第4號（《舉目向上看》60）{MTC 107.3}

影響人接受基督——醫師與佈道士聯合在大城市傳福音時，他們的合作會影響許多的人接受現代的真理。{MTC 107.4}

根據上帝賜給我的亮光，我知道祂的聖工今天十分需要聖經真理的活代表。單靠任職的傳道士無法完成這項任務。上帝不僅呼召傳道士，也呼召醫師、護士、書報員、查經員、以及其它兼具各種才能、明白現代真理而獻身的平信徒，要考慮到那些未受到警告之城市的需要。現在只有一個信徒的地方，應有一百個信徒起來積極從事個人的傳道工作。時間很快就過去。在遭到撒但的阻擋而封閉道路之前，有許多工作要做。一切機構都要動員，要善於利用當前的機會。——《評論與通訊》1910年4月7日（《醫療佈道論》248,249）{MTC 108.1}

展覽和大型活動的來賓

展覽和其它大型集會提供了傳福音的機會——我蒙指示，當我們接近末了的時候，在我們的各城中會有大型集會，就像最近在聖路易斯所舉辦的（1904年世界博覽會在密蘇里州聖路易斯舉辦）。務必作好準備工作，在這些集會上介紹真理。當基督在地上時，祂也利用了這種機會。無論何處，只要有很多的人聚集，不管他們的目的何在，祂的聲音都會被人聽到，清楚明白地發出祂的信息。結果，在祂被釘十字架且升天之後，一日之內有數千人悔改了。基督所撒下的種子深入了人心，並且發芽了。當門徒們領受了聖靈的恩賜時，莊稼就被收割了。{MTC 108.2}

門徒們帶著這種能力出去，到處傳揚主的道，以致使他們的反對者感到懼怕，要不是上帝作工的跡象非常明顯，他們是不敢進行他們所做成的那些事的。{MTC 108.3}

在每一次的大型集會中，都應該有一些我們的傳道人參加。他們應該聰明地作工，以便獲得發言的機會，盡可能使更多的人得到真理的亮光。……{MTC 108.4}

我們應該利用每一個像在聖路易斯博覽會那樣的機會。在所有的這種集會中，都應該有上帝可以使用的人出席。含有現代真理亮光的傳單，應該像秋天的落葉一樣散佈到人們中間。對許多參加這些集會的人來說，這些傳單將如同生命樹的葉子，醫治萬民。{MTC 109.1}

我的弟兄們，我將這個信息傳給你們（丹尼爾斯和普雷斯科特），為的是你們可以再傳給他人。前去傳揚真理的人必蒙祂祝福。正是祂把傳揚真理的擔子交託他們。……{MTC 109.2}

時候已經到了，復臨信徒要空前地興起發光，因為他們的光已經來到，主的榮耀已經發現且照耀他們了。——《信函》1904年第296號（《佈道論》35,36）{MTC 109.3}

並非人人蒙召特為最底層之人作工

既要為窮人作工也要為富人作工——丹尼爾·H·克雷斯醫生在註解中寫道：「我在密西根大學畢業之前，最後那一年有三個月是在芝加哥度過的。我們在那裡開設了一個醫療佈道區，目的是要在芝加哥最貧困的街區幫助被忽視的人，就是窮困潦倒的人。我喜愛這項工作。正當我感到迷茫的時候，我感覺到我應該再度開始從事這項工作。我寫信給懷姐妹，告訴她我是怎麼想的，以下是她的回覆——{MTC 109.4}

「你在信中說到在貧困的城區從事救援工作。我很高興你能對此感到有負擔去幫助那些需要幫助的人。基督希望祂的工作成為世上的光。祂親自來過，為要使各階層的人都知道救恩的福音。你的朋友之中，或許有些人應該在不幸與墮落的人中間作工，但你特別適合為上層人士作工。要是你主要從事救

援那些一般被認為是流氓無賴之人的工作，你對上層人士的感化力就會被削弱。」——《克雷斯選集》168,169懷愛倫的回信摘自《信函》1909年第158號（《懷愛倫文集》7:329,330）{MTC 109.5}

為貧苦的人工作時要有重心——有關我們對於人類的責任，這是一個嚴肅的問題。在確定如何工作以完成最多善工這方面，需要大量上帝的恩典。並非所有人都蒙召在貧苦之人中間工作。上帝並不要求工人接受教育和訓練後，單單只從事這項工作。——《文稿》1899年第3號（《佈道論》548）{MTC 110.1}

為最底層之人所作的工不可取代普世的傳福音工作——我們並不建議我們的人在各城中開展的一項工作是建造樓房，並使最墮落的人得到食宿和治療而無需付錢、不用付出代價。誰也不必在任何城市開展某項工作，是可以不加選擇地邀請某一個階層人士來享受復臨信徒愛心的供養。我們這群人的特殊工作，乃是向世界傳揚一個不受歡迎的信息。我們所受的使命，是要把信息傳給各國各民。——《信函》1900年第90號（《懷愛倫文集》4:420）{MTC 110.2}

不要禁止那些感到蒙召要去幫助最底層區域的人——如果人們感到上帝呼召他們將全部的傳道努力都投入在最貧困的城區，那麼誰也不應該禁止他們去工作。——《信函》1900年第3號（《懷愛倫文集》4:421.133.427）{MTC 110.3}

從世界獲得財源為社會底層之事工籌措資金——若是有人願意開始從事為底層之人作工的任務、蒙上帝賦予責任以各種方式為群眾作工，就要讓這些悔改歸主的人，前去從世界籌錢好做這項工作。不要讓他們依賴上帝意在用來維持福音工作的錢財。——《信函》1899年第205號（《懷愛倫文集》20:252）{MTC 110.4}

8 | 在市中心和郊區工作

一些人必須住在城裡為別人作工——撒但定意要把人們吸引到城市裡來。為了達到他的目的，他發明了形形色色的時尚和娛樂，以及各樣的刺激。今日地上的城市已經和洪水以前的城市相去不遠了！{MTC 112.1}

我們將有一種持續的重擔，因為我們看到基督話語的應驗：「挪亞的日子怎樣，人子降臨也要怎樣。」（太24:37）在洪水以前的日子，各種使人們忘記並犯罪的娛樂活動，都被發明出來。而今，1908年，撒但正在緊鑼密鼓地作工，同樣狀況的罪惡將要流行。地正在被敗壞。信仰自由將會使那些稱為基督徒之人失去尊重，因為他們之中，有許多人對屬靈的事一無所知。{MTC 112.2}

我們絕不能忽視世界的結局不久就要來到。撒但正在每個人心中運行，許多人心中似乎都充滿了一種娛樂和刺激的慾望。就像在挪亞的日子一樣，各種罪惡都在增長。頻繁的離婚和結婚成了當代的慣例。在這種時候，尋求遵守上帝誡命的子民應該尋找幽靜之所，離開城市。一些人必須留在城裡發出最後的警告，但這麼做會變得越來越危險。可是適合於現代的真理、且必須傳給世界的，就是那從起初就知道末後的主親口所說的真理。——《文稿》1908年第85號（《懷愛倫文集》10:261,262）{MTC 112.3}

平信徒要搬到城裡進行佈道工作——我們周圍的許多城市村鎮，尚未進行救靈之工。為什麼認識現代真理的家庭不搬到這些城市村鎮去定居，樹起基督的旗幟，謙卑地工作呢？不是照自己的方法，而是照上帝的方法，將亮光帶給尚未認識真理的人呢？……將有平信徒搬到各個村鎮城市，及一些類似的偏僻地區，使上帝賜給他們的亮光能照耀別人。他們所遇到的一些人表面上毫無希望，但唯一的問題應當是：他們肯與基督和好嗎？他們願意感染祂的精神，藉著言傳身教，呈現真理與公義之主的吸引力嗎？——《評論與通訊》1891年9月29日（《基督徒服務大全》180）{MTC 113.1}

機構要設在郊區但教會要建在市中心——主一再指示：我們應當從前哨基地向城市開展工作。在城市裡我們要有崇拜的地方，作為上帝的紀念標誌。可是出版機構、醫療機構和工人培訓機構，應設在郊外，特別重要的是，要保護我們的青年不受城市生活試探的侵害。{MTC 113.2}

在華盛頓和納什維爾購買聚會的地方並重新獻堂，同時讓教會的出版社和療養院避開擁擠的市中心，建立起來作為前哨的機構，這是符合上述指示的。其它地方的出版社和療養院，也遵照這個計畫遷到鄉村。現在，英國的倫敦出版社和培訓學校也照這樣做。我們現在得到機會按照上帝原先的安排前進，幫助這些和其它許多重要中心的弟兄們，開展基礎堅實的工作，使工作得到穩固的推進。——《特別證言》系列二8:7,8（1907）{MTC 113.3}

教會

教會要建在城裡——要在傳揚真理的每一座城市中設立教堂。在一些大城市中的幾個不同地區都要建立教堂。在一些地方若出售會堂的價格合理，也可以用較低的價格購置。——《信函》1909年第168號（《醫療佈道論》309）（更多信息見第十章，《在城市裡建立教會》）{MTC 114.1}

城市佈道機構

（於十九世紀末在城市中建立，為提供住宿和培訓、擺放用於銷售之書籍、或用作公共聚會，以及健康和社會服務的場所。）

每一個城市都應有佈道機構——雖然已經進入了一些地區，但還要在需要雇用數百工人的地區建立許多中心。每一個城市都應有佈道機構，作為訓練工人的學校，我們有許多弟兄因為沒有實行上帝要他們做的工作，而在上帝眼中看為有罪。——《信函》1910年第56號（部分內容在《醫療佈道論》303）{MTC 114.2}

撒瑪利亞人的工作是為社會所忽略的人服務——在介紹真理的時候，最能表現耶丁特色的，就是像撒瑪利亞人那樣，到人們所在之處幫助人。教會向來忽略的、拯救可憐罪人的工作，將成為切入點，讓真理找到立足之處。需要在我們這群子民中間建立一種不同的工作狀態。從事這類工作，將在工人的心靈周圍營造一種完全不同的氣氛，因為聖靈會運行在那些正在為上帝工作的人心中。凡受聖靈感動的人，會成為向善的力量，提拔、加強和拯救將亡的生靈。——《文稿》1897年第14a號（《佈道論》567,568）{MTC 114.3}

城市佈道機構會增加其它求助的呼聲——我們在城市中有巨大的工作領域。在城市中建立了一個佈道機構時，周圍的地區就會傳來需要工人的呼聲。根據所賜給我的亮光，最近三十年所做的工作還不及應該做成的千分之一。積極進取的工作計畫早就應該啟動了！——《信函》1901年第176號{MTC 115.1}

教育機構

要為城市的兒童設立教會學校——在拯救和教育那些目前尚無法離開城市的兒童方面，我們有大量的工作要做。這事值得我們盡最大的努力。要為城市的兒童設立教會學校，並計畫在有必要時，加設與這些學校有關的高級課程。可以在管理這些學校時，逐步使部分與部分相結合，以致成為一個整體。——《文稿》1903年第129號（《懷愛倫文集》10:258）{MTC 115.2}

鼓勵父母把孩子送到教會學校——教會有一番特別的工作，就是要教育並訓練自己的孩童，使他們在入學或作其它娛樂時，不至於被那些有敗壞習慣的

人所影響。世上充斥著罪惡，不顧上帝的要求。城市已經成了所多瑪，我們的孩子每日與許多邪惡的事接觸。那些進入公立學校的孩子常與那些比他們更被疏忽的孩子交往，他們除了在教室裡上課，其它時間任意走到街上學習街頭教育。青年人的心是易受影響的；他們所處的環境若不具有公義的性質，撒但就會利用這些被疏忽的孩子去影響那些受過謹慎教養的孩子。這樣，在遵守安息日的父母得知自己的孩子做了什麼惡事之前，他們的孩子早已學會了墮落，心靈就敗壞了。——《基督教育之研究》173 (1913)｛MTC 115.3｝

在鄉間教育學生對拯救他們的靈魂是重要的——父母應當明白，教育兒女是一項重要的救靈工作。在鄉間能做許多有益的活動，藉著鍛煉神經和肌肉帶來身體的健康。「離開城市」關係到我們教育兒女的信息。——《文稿》1908年第85號（《信息選粹》2:355）｛MTC 116.1｝

療養院

(附註：當時療養院不同於今日的醫院，主要著重在健康教育方面，
病人往往會在醫院休養達數週之久，直至恢復健康。)

療養院要接觸各階層的人——大光已照耀我們，但我們反照給世界的光卻是多麼微小啊！天使們正等待人類與他們合作，實行真理的原則。這項工作的執行有許多是藉著我們的療養院和類似的機構。這些機構當成為上帝的紀念碑，讓祂的醫治能力可以觸及各個階層，無論貧富貴賤。為基督的緣故而在其中投入的每一塊錢，都會給施予者和受苦的人類帶來祝福。——《教會證言》卷七58,59 (1902)｛MTC 116.2｝

療養院和(寄宿)學校不要建在城市裡——有些事呈現在我面前，我認為非常重要。亮光已經賜下，說明我們的療養院不應建在城市中。這些城市的罪惡如此之大，以致耳聞目睹的許多事都有腐化道德的影響。我們的學校和療養院，更應建置於市郊，在我們能獲得土地的地方。……｛MTC 117.1｝

我們要是在加州南部各城購買或建造大樓用於療養院工作，就是犯下大錯，那些認為這麼做很有利的人，行事並不聰明。在預備這些城市聽到福音信息方面，有一項大工要做成，但這項工作不應藉著為推進某項奇妙計畫而

在這些城市建大樓來完成。——《文稿》1902年第114號（《懷愛倫文集》10:209-211）{MTC 117.2}

療養院最好位於鄉間——醫療機構若能建在城市之外，就必更加成功。在可能的情況下，所有想恢復健康的人，都應該到鄉間去，享受戶外生活的好處。大自然是上帝的醫師。純潔的空氣、快樂的陽光、花草樹木、果園、葡萄園和在這種環境下的戶外活動，會帶來健康和生命。——《服務真詮》263,264（1905）{MTC 117.3}

城市罪惡增加故需要在山區建立療養院——我們接近世界末日的時候，城市會變得越來越敗壞，越來越不適合用來建立工作中心點。往來的危險會增加，混亂和醉酒的情況會增多。若是在城市的罪惡難以侵入的山區找到地方，我們的人就要購買這種地方以建立療養院和高級學校。——《文稿》1908年第85號（《懷愛倫文集》10:260）{MTC 117.4}

療養院的建築要促進健康和福樂避免奢華——我們必須像以諾那樣，在城市作工卻不住在其中。我們不要因為有希望得到捐款，就在花錢蓋樓或裝備家具的設備上顯出奢侈的傾向。要找一個氛圍良好的地方開展你們的工作，但要遠離當地官長們的住宅。要為需要提拔的人運用上帝賜給你們的能力。不要將你們的機構安置在富人的豪宅中間。若有可能，我們就要為療養院找一個不擁擠的地點，那裡有土地可以耕種。不要為了炫耀做什麼事。藉著厲行節約，我們要表明我們知道自己在地上是客旅，是寄居的。……{MTC 118.1}

我們在蓋樓時必須遠離世上的大人物，要讓他們有機會離開同一類人士，進入較僻靜的地區尋求他們所需要的幫助。要吸引他們注意一群敬愛上帝的人。療養院若是位於距富人的宅邸比較遠的地方，他們就不會有機會發表不利於療養院的評論，因為知道療養院要成為一個接納各階層受苦之人的地方。……{MTC 118.2}

需要什麼才能取得成功呢？是昂貴的大廈嗎？如果這樣，我們是無法取得成功的。使我們取得成功的，乃是圍繞信徒心靈之恩典的氛圍。聖靈在他的心思意念運行，使他成為活的香氣叫人活，並使上帝能賜福他的工作。上帝會

用共有的同情和純淨的感情把祂的工人結合在一起。彼此的愛與尊敬有著一種顯著的影響，且是真敬虔的一種表現。不信是冷淡而排斥人的，是黑暗且令人畏懼的，它只會拒絕人、毀滅人。有信心的工作在任何情況下，都能使人有意識、有尊嚴地抬起頭來，並且堅定地倚靠上帝。行走在基督所引領的道路，背起祂的十字架跟祂到天父的家，行走在為主的贖民所修築的道路上，甚至年幼的心也能在捨己和自我犧牲的道途上，顯出卓越的榮美。……{MTC 118.3}

我們一切的建築都要為健康和福樂而成立，不浪費任何一個措施。療養院要有空間使病人能沐浴在陽光的照射下。病人所住的每一間臥室都要有供暖設施。這些內部設施一定要做好，即使樓房沒有在路邊或沒有與其它的樓房在一條線上。房間內要有安樂椅，不要都做成一個款式的。如果家具的款式都不同，其結果會令人滿意得多。在自然界五顏六色形式各異的事物中，上帝已經給了我們具體可行的計畫。必須花錢買到舒適安樂的家具。比起款式都一樣的家具，病人們會對款式各異的家具感到滿意得多。——《文稿》1899年第85號（《懷愛倫文集》10:241-247）{MTC 119.1}

適合作療養院的房產應予以考慮——在一些重要的地方，會有房產出售，特別適於建立療養院。要仔細考慮這些地方的好處。{MTC 119.2}

為了購置這些地方讓我們開展聖工，我們必須小心安排錢財。在任何地方都不可鋪張浪費。我們使用簡樸的建築作為我們宣揚真理的實例。我們為療養院選擇的建築，無論從外觀和內部佈置，都應當表現出健康的原則。——《信函》1909年第168號（《醫療佈道論》309）{MTC 119.3}

不贊成把療養院建在城市裡——我既然得到讓病人在療養院受治療的亮光，就不建議蓋在擁擠的城市裡。我自己不能這麼做，可是別人或許不這麼認為。我既有亮光，就不建議在城裡蓋房。我知道你（莫蘭）住在城外。你住在城外的一邊。所以這種情況下我對你提議會有某些改變，但除此之外我就沒什麼話可說了。我不能給你任何建議。你得在你們自己中間安排這事，因為我不會建議在任何一座城市裡建療養院。我不能這麼做，因為已經十分清晰地擺在我面前的是：在建一所療養院時，必須將它建在能達到建院目的的地方。——《文

稿》1902年第173號（《懷愛倫文集》10:250）{MTC 119.4}

素食餐廳

要在各城設立素食餐廳——上帝希望在城市中建立餐廳。若是管理得當，這些餐廳就會成為傳道中心。在這些餐廳中，應當備有書報，以供那些來惠顧餐廳的人隨時取閱。{MTC 120.1}

常有人問，這些餐廳應該在安息日開門營業嗎？答案是：「不可以。」安息日是我們的標誌和印記，不應該變得湮沒無聞。我在近期得到這問題的亮光。有人企圖使餐廳在安息日開門營業，但這是不應當的。——《文稿》1903年第30號（《證道與演講》2;226）{MTC 120.2}

素食餐廳要教導正確的生活原則——我們的餐廳必須設在城市裡，否則在這些餐廳裡工作的人就不能接觸人群，方便教導他們正確的生活原則。現在他們要到城市的會堂去禮拜。但再過不久，城市中將會發生騷亂和衝突，以致想要離開也辦不到了。我們必須為這些事做準備。——《全球總會公報》1903年4月6日，第88頁；《評論與通訊》1903年4月14日（《信息選粹》2;142）{MTC 120.3}

工人要在餐廳與人分享靈糧——我們餐廳的工人要為不朽的來生作好準備。要讓他們獲得能力和方法，好為這些城市男女的心靈預備靈糧。要為靈魂警醒，好像那將要交賬的人。城市要受到警告，但這些青年男女務必記住，時間寶貴。因世界的罪惡正在增加，像挪亞的日子一樣。——《信函》，1905年第279號（《醫療佈道和健康教育的呼召》22）{MTC 121.1}

要開設烹飪班——每一所健康餐廳都要成為一所學校。其中的工作人員應不斷學習和實踐，使自己能提高製作健康食品的水準。在城市裡這項教育工作應比小地方更加大規模地進行。然而在每一個有教會的地方，都要教導人製作簡單的健康食品，使那些希望按健康改革生活原則的人能夠食用。信徒們應當把他們在這方面得來的光分給鄰居。——《教會證言》卷七112,113（1902）{MTC 121.2}

一流的餐廳會引起詢問——我蒙指示，明白這些健康食品的餐廳和診所為何應設在各大城市的中心區，其主要理由之一，就是要藉此引起社會上領導

人物注意第三位天使的信息。社會上有識之士一留意到這些餐廳的做法與普通餐廳全然不同，他們就會探詢其之所以採用獨特營業方法的理由，同時也必調查研究那促使我們供應上等食品的原則。這樣，他們就必被引領明白現代的信息了。——《教會證言》卷七122,123（1902）{MTC 121.3}

要提供免費的屬靈讀物——應當供應讀物給那些來到我們餐廳的顧客們。應當使他們注意到我們有關節制和飲食改良的書刊。許多講述基督教導的單張小冊，也要發給他們。供應此類讀物的責任，應由全體信徒分擔，務使每位顧客都有材料可讀。有許多人可能對此不屑一讀，但接到你們所分發之讀物的人當中，也有些可能是尋求真光的人。他們會閱讀及研究你們所給的材料，並將之轉送給別人。——《教會證言》卷七116（1902）{MTC 122.1}

在帳篷大會上要為非信徒開設餐廳——我們的帳篷大會應設有餐廳，使窮人在那裡能盡量以較低價格買到有益健康、製作良好的食物。還應該有另一個餐廳特別為受大會教育之外的人而預備食物，外人在那裡可以見到健康改良飲食的代表。——《太平洋聯合會記錄》1902年10月23日{MTC 122.2}

治療室

治療室和素食餐館要結合起來——我得到亮光，在許多城市將餐館和治療室結合起來是明智之舉。此二者可以合作傳揚正確的原則。關於此事，有時最好也設有房間，可供病人留宿之用。這些機構可作為那些位於鄉間的療養院吸收病人的地方。——《教會證言》卷七60（1902）{MTC 122.3}

9 | 以基督為中心的醫療佈道

前緣

要以健康事工為起點——醫療佈道工作已作為現代真理傳播的起始點。藉著這項工作人心會受感動，那些曾有偏見的人也會軟化折服。這就是今日要做成的工作。——《信函》1902年第110號（《懷愛倫文集》4:374）{MTC 123.1}

健康佈道為分享福音打開門戶——向世人傳福音乃是上帝賜給那些奉祂的名出去之人的工作。他們要與基督同工，向那些將要淪亡的人彰顯祂慈憐的愛。上帝呼召成千上萬的人為祂工作，不是透過向那些知道現代真理的人講道，而是藉著警告那些從未聽過末後之憐憫信息的人而達成。要存著對生靈充滿懇切渴望的心作工。要做醫療佈道工作，這樣你就會成功接近人心，也會為更明確地傳講真理作好預備。你也必發現，減除他們肉身的痛苦，會為你提供服事他們屬靈需要的機會。{MTC 123.2}

主會使你在這項工作上成功。因為福音若結合到生活中實行出來，就成了上帝拯救的大能。為身體所做的基督化工作，與為心靈所做的基督化工作結合，乃是福音的真正解釋。——《醫療佈道和健康教育的呼召》7{MTC 123.3}

人人都需受到健康佈道的幫助——主見到我們的城市中，許多身心都很有

能力的人竟被捲入了試探的漩渦中。必須接觸這種人，健康改良因此成了切入點。這項工作已成功的接觸了許多原無法接觸的人。感情強烈、情操高尚、具有深切同情心的人們已被喚醒要有所作為，但祭司和利未人卻從那邊過去了。……{MTC 124.1}

有一項工作要在美國的各城達成，是與那些已經做成的工作非常不同的。……不僅要為社會上級別很高、受人尊敬的人作工，也要把墮落、底層的人集合進來。在大路和籬笆那裡才會找到需要得救的人。許多人心眼盲目，智力受損。有些人雖受過特別的教育，有寶貴的悟性和才能，卻已屈從試探。要把這些人找出來。有些人雖然才幹非凡，卻死在過犯罪惡中，必須為他們作工。——《文稿》1899年第33號 {MTC 124.2}

基督徒協助作工就是造福他人——你（在此指凱洛格醫師，Dr. Kellogg）說到正在芝加哥進行著的工作。我完全贊同那裡正在進行的工作。我相信在每項可提供幫助的事上進行協助，就是在跟從基督的腳蹤。那些從事基督徒幫扶工作，願意把自己獻給上帝的人，必發現祂會做他們急難中隨時的幫助。我知道主必使用那些願意把自己交給祂的人，藉著聖靈的能力，他們就會有能力去做需要做成的工作。——《信函》1895年第43號（《懷愛倫文集》4:131）{MTC 124.3}

健康佈道為人接受真理預備道路——要用右手打開門戶讓身體進來。這右手就是醫療佈道工作。這項工作替人接受現代真理敞開了門路。身體沒有手就沒有用處。在向身體表示敬意時，也要向那些伸出救援之手的人表示敬意，因為沒有手身體就不能做什麼事。所以身體若忽視右手，不讓它幫忙，就做不了什麼事。——《文稿》1901年第55號（《醫療佈道論》238）{MTC 125.1}

健康佈道工作是推進上帝的聖工所必需的——醫療佈道工作，乃是福音的右手。它是推進上帝的聖工所必需的。人們既受引導看清正確生活習慣的重要性，就會明白真理的拯救之能。每個城市應由受過訓練的工人進去做醫療佈道工作。猶如第三天使信息的右手一樣，上帝治療疾病的方法也要打開門戶，讓現代真理可以傳入。——《教會證言》卷七59（1902）{MTC 125.2}

要藉著健康佈道接觸患病的心靈——我看出上帝的旨意是要讓醫療佈

道工作成為一個偉大的切入點，藉此接觸患病的人。——《信函》1893年第36號（《健康勉言》535）{MTC 125.3}

世界歡迎健康佈道——醫療佈道工作帶給人類解除病痛的福音。這是福音的先鋒。它實踐了福音，顯出了基督的同情。現在這項工作十分迫切，世界更是對它敞開雙手。上帝希望我們明白醫療佈道工作的重要性，並且馬上進入新的園地。——《文稿》1901年第55號（《醫療佈道論》239）{MTC 125.4}

教會要參與

無論在哪裡建立教會都要啟動健康佈道工作——有人問：「你在凱洛格醫生參加這項工作之後鼓勵過他嗎？」我回答說：「鼓勵過。」因為我蒙指示，這種性質的工作應由我們的各教會來做成；應當對這方面的工作深表關心；依照主所喜悅賜給我的亮光，我們的傳道人應該決心把握這項工作，不要只在一個地方建立一個大中心，而要在許多城市開展工作，並要喚醒人們把主的錢財奉獻出來，以支持使受苦之人受益的工作。{MTC 126.1}

主賜給我亮光，顯明在每一個建立了教會的地方，都要做醫療佈道工作。但在巴特爾克里克的教會中，卻有許多的私心。那些在這個工作中心的人以一種羞辱上帝的方式放縱自己的心願。凱洛格醫生在健康改良的工作上沒有得到支持，儘管這工作的重要性三十年來一直擺在教會面前。這項工作受了阻礙，是因為在巴特爾克里克的一些人的情緒和偏見，他們無意在健康改良的原則上使自己的行動方針符合上帝的道。——《文稿》1898年第175號（《巴特爾克里克信函》11）{MTC 126.2}

每一個教會都要服務有需要的人——這項招集窮人、受壓迫遭苦痛之人、貧窮缺乏之人的工作，正是每個相信現代真理的教會早就應該做的工作。在……使飢餓之人得飽足，將飄流的窮人接到我們的家中，以及在每日從上帝接受恩典及力量，以便能深入人類苦海中幫助那些不能自救之人的事工上，我們應該要展現良善的撒瑪利亞人的溫柔同情之心。在進行這種工作時，我們就有機會順利的宣揚那被釘十字架的基督了。——《教會證言》卷六276（1900）{MTC 126.3}

需要智慧——那些願意進入我們的大城市，成為醫療佈道士參加工作的人，必須以一種非常明智的方式開始工作。上帝的天使會感動人，在聖靈的神聖影響下，人心會受觸動。講者的話若使純正的道理與聽者產生實際的接觸，就會使生靈得救。——《信函》1910年第4號（《醫療佈道和健康教育的呼召》42）{MTC 127.1}

人人都蒙召參與——醫療佈道工作是上帝的助手。這項工作必須做成。無論是新的園地，或數年前就已開工的園地都需要它。這項工作既是上帝的助手和福音的切入點，我們就希望你們（教會肢體）明白，你們要參與這項工作。醫療佈道工作不要與福音工作分開。今天早上在我面前的每一個人都應當充滿真正的醫療佈道精神。——《總會每日公報》1903年4月7日第105頁（《評論與通訊》1903年4月14日）{MTC 127.2}

需要擴展健康佈道工作——我們為已經做成的醫療佈道工作感謝主，但是要有一支作工的大軍在各城的不同地點和大街小巷從事同類的工作。要更多地開導那些正在罪中滅亡的人。會有很奇特的病例叫你們注意到，不僅要滿足他們身體的需要，這是必不可少的初步工作，而且要使他們接觸到能提供醫療及恢復的療養院和家庭。有許多人會抓住那伸出來要救他們的手。——《信函》1897年第83號{MTC 127.3}

結合慈善工作與個人佈道

醫療佈道工作向病人指出基督——我們要時刻牢記醫療佈道工作的宗旨，是向患罪病的人指出那一位除去世人罪孽的贖罪地之主。通過仰望祂，世人能變成祂的形像。我們應當鼓勵患病受苦的人，仰望耶穌得生存。工人們要把大醫師——基督——時刻呈現在因身心疾病心灰意冷的人面前。要向他們指出那一位能醫治身心疾病的主。……{MTC 127.4}

上帝常藉著我們解除人身體痛苦的努力來感化人心。{MTC 128.1}

醫療佈道工作是福音工作的先鋒。……{MTC 128.2}

每一個地區幾乎都有人不願去聽上帝聖言的宣講，或參加宗教禮拜。要把福音傳給他們，就必須把它帶到他們家中。幫助他們實際的需要，往往是接

近他們的唯一途徑。……無私的愛表現在仁慈的舉動中，使受苦的人更容易信從基督的愛。……｛MTC 128.3｝

當他們看見一個人不求地上的稱讚和報賞，來到他們家中，為病人服務，使飢餓者得食，給赤身者穿衣，安慰傷心的人，並溫柔地向眾人指出救主——工人只是祂愛心和憐憫的傳達者——他們看到這一切，就會動心。感激之情油然而生，信心也燃起。他們看出上帝顧念他們，當祂的話一打開，他們就準備傾聽。——《服務真詮》144,145（1905）｛MTC 128.4｝

表現基督的品格

健康佈道工人要表現基督的品格——醫療佈道工作是上帝所指派的，是一項最光榮的任務。這項工作的每一層面，都應與基督的工作一致。那些與上帝同工的人，應當表現基督的品格，就像基督在世時表現天父的品格一樣。——《文稿》1902年第130號（《醫療佈道論》24）｛MTC 128.5｝

要作名實相符的基督徒——要研究基督的生活和品格，努力效法祂的榜樣。有些自稱相信第三天使信息之人，他們不獻身的做法已把一些可憐的羊趕進了荒原；誰來對這些流浪的迷羊顯出牧人的關懷呢？現在難道不是要作名實相符的基督徒的時候嗎？耶穌向受苦的人類顯出了何等的仁愛、憐憫以及溫柔的同情啊！與祂無限偉大的愛心一同跳動的心，必定同情每一個貧窮的人，也必顯明他有基督的心。「壓傷的蘆葦，祂不折斷；將殘的燈火，祂不吹滅。」（賽42:3）每一個受苦的人都有權要求他人的同情，而那些充滿基督的愛，滿懷祂的同情、溫柔和憐憫的人，必響應他們每一個要求同情的呼籲。在為那些在基督之外、正在滅亡之人發出呼籲時，他們不會說：「這與我無關。」他們不會扮演那個大兒子的角色，而會表示個人的關切和同情。他們會跟從夫子的腳蹤，出去尋找拯救失喪的人，聽從救主的話：「你們要彼此相愛，像我愛你們一樣。」（約15:12）每一個迷途知返回歸上帝的人，都需要那些有基督化仁愛慈憐心腸之人的幫助。——《評論與通訊》1894年10月16日｛MTC 129.1｝

無私的行為是支持基督教最有力的論據——活潑無私的行為所彰顯的真理乃是支持基督教最有力的論據。解救病人和幫助受苦的人，乃是基督陣營的

工作，並且證明最有力的福音真理，代表基督在地上的使命和工作。解救痛苦人類的方法，打開了無數的門戶，使真理住在人心中，讓人得救得永生。──《信函》1893年第36號（《懷愛倫文集》2:240）{MTC 129.2}

城市需結合醫療與佈道工作

醫療工作要伴隨著傳道工作──在我們的大城市裡，醫療佈道必須與福音佈道攜手並進。它會為真理的進展打開門路。──《文稿》1901年第117號（《佈道論》387）{MTC 130.1}

醫療工作不要與傳道工作分開──最近（1899年）人們對貧窮和被遺棄的族群表現很大的關注，並為解救犯罪墮落的人做了大工。這本身是一件好事。我們需要始終擁有基督的靈，像祂那樣為受苦的人類工作。主有工作要為被遺棄的人達成。毫無疑問，一些人有責任在他們中間工作，努力拯救他們將亡的靈魂。這項工作在傳揚第三位天使信息和使人接受聖經真理中有它的地位。──《文稿》1899年第3號（《佈道論》548）{MTC 130.2}

撒但妄圖把醫療與佈道工作分開──推進醫療佈道不要與福音事工脫節。主的子民是要合一。在祂的工作中不可有分別。在同一個方向上著力得過於熱心會佔用了光陰和錢財。主並沒有指定人這樣做。祂曾差遣十二個使徒，後來又差遣那七十個人出去向人們傳道，並賜給他們權柄醫治病人，奉祂的名趕鬼。這兩方面的工作不可分開。撒但會想盡一切辦法使上帝正設法使之合一的人分開。我們不可被他的詭計誤導。醫療佈道要與第三位天使的信息相連，就像手與身體相連一樣；學習醫療佈道的人若不受訓做教會和傳道的工作，他們所受的教育就不完全。──《文稿》1899年第3號（《健康勉言》557）{MTC 130.3}

傳道人和醫師要一起從事城市佈道──在為城市工作時，我們非常需要各等工人的合作。我們特別需要醫師從事傳道工作。如果傳道人和醫師全力合作，努力接觸城市中心的誠實之人，他們就會處在有利的地位。當他們謙卑工作時，上帝就會在他們面前開路，使許多人接受得救的真理知識。──《北太平洋聯合會拾遺》1910年4月13日 {MTC 131.1}

醫生作福音醫療佈道士

醫生要表現福音事工——祂（基督）所分派本會醫師們的工作，乃是要在醫療佈道工作中，向世界表現福音的事工。——《教會證言》卷六245（1900）{MTC 131.2}

醫師要從醫療的角度傳講信息——基督徒醫師擔任醫療佈道士，可以為上帝成就寶貴的工作。醫師往往太忙碌，無暇顧及上帝要他們去做的傳道工作。醫務工作者應當從醫師的角度傳達第三位天使信息的重要真理。獻身而有才能的醫師在別人無法取得成功時，卻能在大城市裡獲得發言權。當醫師與佈道士聯合在大城市傳福音時，他們的合作會影響許多人接受現代的真理。——《評論與通訊》1910年4月7日（《醫療佈道》240）{MTC 131.3}

需要平衡

不要高舉醫療工作超過佈道工作——你（此處指Dr. Kellogg，即凱洛格醫生）把醫療佈道工作放在你以為它應該持有的顯要地位時，是無法正確地建立和管理這項工作的。你既使傳福音顯得不如醫療佈道重要，就是把那項工作放在錯誤的位置上。……{MTC 132.1}

不是一次兩次，而是許多次，所呈現在我面前的是，傳道人在會議中坐在你面前，你控告他們沒有給你自己帶來任何榮譽。在人們心中留下的印象是，你認為自己的見識比別人的更高明。然而要是弟兄們在凡事上隨從了你的方法，他們就不會行在主的道路中了。{MTC 132.2}

你在你帶領的許多人面前說到傳道人，並且高舉醫療佈道於傳道工作之上，這造成了一種與第三位天使的信息不一致的事態。我蒙指示看到天使在聽見你論到上帝僕人們的話時，向你掩面。這些人已蒙賜予一項工作要為上帝去做，他們當中的許多人正像你一樣，忠心地做著自己的工作。有些人正在令人灰心的環境下工作著，因為他們沒有你所擁有的優勢和便利來從事他們的工作。{MTC 132.3}

事情太偏重一方是不符合主的計畫的。……{MTC 132.4}

醫療佈道必須與福音傳道緊密相連，就像手臂與身體相連一樣。你需要福音傳道來使醫療佈道顯得重要且穩固；也需要醫療佈道來證明福音的實際工作。主希望勻稱和諧地推進祂的工作。祂的信息必須要傳到世界各地。有一個大葡萄園地要去做工。聰明的農夫在葡萄園作工就使每一部分都結果子。{MTC 132.5}

要閱讀〈以賽亞書〉第61章。這章會告訴我們擺在我們前面的是什麼工作。「主耶和華的靈在我身上；因為耶和華用膏膏我，叫我傳好信息給謙卑的人，差遣我醫好傷心的人，報告被擄的得釋放，被囚的出監牢；報告耶和華的恩年，和我們上帝報仇的日子；安慰一切悲哀的人，賜華冠與錫安悲哀的人，代替灰塵；喜樂油代替悲哀；讚美衣代替憂傷之靈；使他們稱為『公義樹』，是耶和華所栽的，叫祂得榮耀。」(賽61:1-3){MTC 133.1}

請思考這節……經文的意思：「他們必修造已久的荒場，建立先前淒涼之處，重修歷代荒涼之城。」(賽61:4)……{MTC 133.2}

主走的是直線，祂必使祂工作的每一部分都彼此相連。──《信函》1899年第135號（部分內容在《懷愛倫文集》4:131,132){MTC 133.3}

不明智地提出健康改良會引起偏見──健康改良若善加運用，就必成為開啟門戶的工具，隨後真理可在那裡獲得顯著成功。然而若是不明智地運用，使之成為信息的主旨，就會引起不信之人的偏見，阻擋真理的道路，給人留下我們是極端分子的印象。主希望我們在何為祂的旨意上，有聰明和智慧。我們不可給人機會認為我們是極端主義分子。這會使我們，以及上帝所賜、要我們傳給眾人之真理置於非常不利的地位。由於將未成聖的自我交織在其中，我們就把那原可成為福氣的東西，變成了絆腳石。──《文稿》1881年第5號（《懷愛倫文集》2:105){MTC 133.4}

為成癮的人作工

成癮的人需要幫助──每一項真正的改革，都在福音工作中有其地位，能夠鼓舞人過更高尚的新生活。……{MTC 133.5}

無論在什麼地方，都要為因縱慾而墮落的人作工。……他們因不節制的

習慣而疾病纏身，又因貪財放縱有罪的私慾陷入不誠實的行為之中。他們的健康和品格俱毀。這種可憐的人離開了上帝，為社會所遺棄，對今世和來生都絕望。父母為他們心碎。人們都說這種做錯事的人沒有指望。可是上帝並不這樣看待他們。祂明白造成他們墮落的原因，所以憐憫地看著他們。這等人需要幫助。不要讓他們有機會說：「沒有人關心我的靈魂。」……{MTC 134.1}

我們在幫助不節制的人時，往往需要像基督常做的那樣，先注意他們的身體狀況。……在各個城市裡都要安排一個地方，讓受惡習奴役的人得著援助，以掙脫捆綁他們的鎖鏈。……{MTC 134.2}

要使自我放縱的人看到並認識到，他們如果要作堂堂正正的人，就必須在道德上進行重大的改革。……{MTC 134.3}

受試探的人需要明白意志的真正力量。在人的本性中，意志佔統治的地位——就是決定權、選擇權。……{MTC 134.4}

藉著意志的正確運用，我們的生命會發生完全的變化。將我們的意志順服基督，我們就使自己與上帝的大能聯合。我們會獲得從上頭來的力量而堅定不移。凡將自己薄弱的意志與全能上帝毫不動搖的旨意結合起來之人，就能過著純潔高尚、勝過食慾和情慾的人生。——《服務真詮》171-176（1905）{MTC 134.5}

節制工作要得到強調——上帝希望我們站在能警告人的地方。祂希望我們推展節制的工作。因著錯誤的飲食習慣，人們正在摧毀自己的理解力和思維能力。我們不需要拿起一把斧頭衝進酒館。我們有比這更強的武器——永生上帝的道。它會衝破撒但橫阻在人道路上的陰影，開闢道路。上帝是大有能力的。祂會對他們的心講話。我們已經看過祂做這項工作了！——《總會公報》1901年4月23日，第424頁（《佈道論》587,588;《論節制》235）{MTC 134.6}

要復興節制工作——試想不節制的禍害在我們各城中多麼肆虐，我們難道不知道我國銷售的酒摻雜了最有害的物質嗎？我們讀到一個又一個的案例，說到人在酒精的影響下殺害了別人的生命——酒類使他們喪失了理智。我們需要知道這些事，以便聰明地工作，好幫助他人。節制事業需要得到空前的

復興。我們需要傳講福音，叫人們都明白如何順從上帝的話。永生上帝的話才能使人與祂建立正確的關係；它會在人的心思意念和品格上留下印記。要喚醒每一個人去做正待執行的工──就是基督在世上時曾做過的。藉著注視基督的工作，人性會持守神性。祂在那兒呼召了人心靈，就絕對不會拒絕任何人。無論你的人生境遇如何，無論以往怎樣，祂都仍會接受你。──《評論與通訊》1909年1月14日 {MTC 135.1}

節制包括健康生活的一切方面──在倡導節制事業時，我們要加倍努力。在我們開展工作的各個城市中，基督徒有關節制的主題應該在證道中有其地位。要把健康改良的每一方面都擺在人們面前，並作出特別的努力，將基督徒生活的原則教導青年、中年和老年人。──《文稿》1909年第61號（《論節制》239）{MTC 135.2}

青少年要推進節制事工──沒有任何人能比敬畏上帝的青年人，在與不節制所作的鬥爭中，取得更大的成就。在這個時代，我們各城市的青年應該組成一支軍隊，堅定果斷地反對每一種自私而毀壞健康的放縱行為。他們可以擁有何等大的向善能力啊！他們可以挽救多少人不在廳堂和花園裡敗壞啊！這些場所配有音樂和其它誘惑青年人的娛樂。…… {MTC 136.1}

自稱相信現代真理的青年只有團結起來對付各種罪惡，才能蒙耶穌喜悅。這些罪惡正以誘人的影響力蔓延到社會中去。他們應該盡力阻擋不節制的潮流。這股潮流正帶著敗壞的勢力湧向全地。敬畏上帝的青年人既已明瞭不節制有它坦承佈公的支持者，就該採取堅定的立場，反對這股正將人們迅速捲入毀滅的潮流。──《青年導報》，1903年7月16日（《論節制》235）{MTC 136.2}

照顧孤兒、寡婦和老人

矜寡孤獨廢疾者需要幫助──在盡力幫助窮人自助之後，仍有孤兒、寡婦、老人、病人和不能自立的人需要同情和關照。我們絕不可疏忽這些人，因為他們是上帝交給祂所有管家要去憐憫、關愛和照顧的。──《服務真詮》201（1905）{MTC 136.3}

要幫助孤兒和老人──上帝呼籲我們盡量幫助這些缺少親情的孩子。不

要高高在上，指責他們的缺點和他們所製造的麻煩，而要千方百計幫助他們。要設法幫助那焦慮憔悴的母親，減輕她的擔負。{MTC 136.4}

有許多孩子完全失去父母的指導和基督化家庭的管束。對於這些無助的孩子，基督徒應該打開心門和家門。上帝交給他們個人的責任，不可轉給慈善機構，或等待世人發善心。如果孩子沒有親人照顧，教會的信徒就要收留他們。造我們的上帝命我們與家庭相連，孩子的天性必會在基督化家庭之愛的氛圍中，得到最好的發展。……{MTC 137.1}

老年人也需要家庭的有益影響。在主內弟兄姐妹的家裡，可以補償他們自己失去的家庭。如果能鼓勵他們參與家庭的福利和事務，他們就會覺得自己還有用處。要使他們覺得他們的幫助是有價值的，他們在服務別人的事上仍有事可做，這會使他們高興，並給他們的生活帶來樂趣。{MTC 137.2}

可能的情況下，要讓白髮蒼蒼、步履蹣跚、行將就木的老者留在親友中間。……{MTC 137.3}

在可能的條件下，年老孤苦的人應由他的家人奉養。如果沒有，教會就應該把這件事視為一種責任和權利。凡具有基督精神的人，都必親切地關懷年老體衰的人。——《服務真詮》203,204（1905）{MTC 137.4}

不要模仿救世軍的方式

雖然我們不從事救世軍的工作但也不要指責他們——仇敵決心使錯誤與真理混雜。為此他利用了墮落的階層。我們為了這個階層已花費那麼多的人力和財力。他們的食慾因放縱已敗壞。他們的心靈受到了污損；他們的品格也扭曲了。他們的習慣和願望都是卑下的，慣於思想惡事。這種人在品格上雖然可以得到改變，但他們之中能做到徹底而持久之工作的人是多麼少啊！{MTC 137.5}

有些人將因真理成聖；但許多人只是在習慣和行為上做了膚淺的改變，就以為自己是基督徒了。他們被接進教會團體，但仍是大麻煩和大憂慮。撒但設法藉著他們在教會中播撒嫉妒、欺詐、批評、和責難的種子，設法敗壞教會的其它成員。自幼便控制他們的性情，使他們掙脫一切束縛，導致他們的墮

落。這種性情依然控制著他們。他們據說是得救了，但時間往往證明，他們所做的工作並沒有使他們成為上帝順服的兒女。每當他們以為受了輕視時，就會產生怨恨的情緒。他們懷藏苦毒、忿怒、惡意。他們的言語行為表明他們還沒有重生。他們的傾向是墮落、縱慾的。他們是不值得信賴、不感恩、不聖潔的。凡沒有徹底悔改的人都是這樣。每一個品格有污損、尚未改變的人，都是撒但有效的工人，只會引起不睦與紛爭。{MTC 138.1}

主已為我們制定了工作方式。身為祂的子民，我們不可效法並認同救世軍的做法。這不是主交給我們去做的。但我們的工作也不是指責他們，對他們說難聽的話。在救世軍中有寶貴的、自我犧牲的人。我們要善待他們。在救世軍中有誠實的人。他們真誠地事奉主，願意見到更大的亮光，進而接受全部真理。救世軍的工人正在設法拯救被忽視、被壓制的人。不要使他們灰心。讓他們用自己的方式和方法去做工吧！但是主已經清楚地指出復臨信徒要做的工。要舉行野營集會和帳篷聚會。要傳揚現代真理。要作出明確的見證。講道要簡明得連孩童也能聽懂。——《教會證言》卷八184,185 (1904) {MTC 138.2}

10 | 在城市裡建立教會

要在一個又一個的城市建立教會——我看到這裡（巴特爾克里克，Battle Creek）有一棟接一棟的樓房時，心裡就感到悲哀。你們（教會領袖們）若有傳道的精神，若是依照信息的巨大性、寬廣性和重要性，就不會在這裡蓋這麼多的樓，連一半也不會。你們會在一個又一個的城市設立機構，上帝也會嘉許你們的工作。祂不喜歡你們的管理。祂不喜歡你們眼光短淺。祂希望你們去開拓新的園地，多年來祂一直在呼召你們去做這事。這需要財力和人力。但我在〈但以理書〉中讀到，那使多人歸義的要發光到永遠。我們想要在那群人中、想要在上帝的國中發光，在那裡我們將會見到我們已為之祈禱和作工之人。願上帝幫助我們。——《總會公報》1901年4月5日，第85頁 {MTC 140.1}

教會的信徒要造福別人——上帝把建立教會的責任交給所有相信的人。教會最迫切的任務就是教育人們運用交託給他們的才能為世人謀利，用祂所賜的錢財榮耀祂。祂已讓人作祂的管家。他們應當高高興興而又慷慨大方地用手上的錢財推進公義和真理。他們應當用祂託付的才能發展祂的聖工，擴大祂的國度。我們的眾教會不論大小，都不應該單靠傳道人來做。信徒們應當有堅固的信仰，充分了解醫療佈道工作。他們應當效法基督的榜樣，為周圍的人服務。他們應當忠心地履行自己在受洗時所發的誓言，實行基督生平所教導的教

訓。他們藉著耶穌的真理而成聖。務要把救人信仰的活潑原則，栽在人心中。他們應當一起工作，在教會裡體現克己犧牲的原則，而這就是那位把神性披上人性的基督，在祂醫療佈道工作中所遵循的原則。傳道工作只有在表現出基督的仁愛和溫柔時，才會取得效果。——《太平洋聯合會記錄》1901年8月1日（《醫療佈道論》315）{MTC 140.2}

優先培植新會眾

要組織教會且大教會要幫助小教會——我常想，若是在較大的教會中，有組織良好的一幫工人，他們願意成為佈道士到城市和鄉鎮去，將他們所學的真理、公義和要來之審判的寶貴教訓教導他人，我們就會多麼地更加大大蒙福。人人都應該作學生，但是不要「常常學習，終久不能明白真道。」（提後3:7）要作勤勉的學生，並且一直實踐你所學的。這會使你有一種對你來說將具有最高價值的經驗，而且肯定會使別人受益。上帝已賜給我們亮光，祂已吩咐我們要把那光發出來；若是在一個地方有一些人接受了真理，就要盡快聰明地把他們組織成一個教會，讓他們盡自己所能的建一個簡樸的禮拜堂，就像他們在威利斯（Willis，位於美國密西根州）所做的，他們可以把堂獻給上帝，也可在那裡邀請祂與他們同在。祂說：「無論在哪裡，有兩三個人奉我的名聚會，那裡就有我在他們中間。」（太18:20）然後要讓沒有債務負擔、較大的教會來幫助他們的姐妹教會，將他們受託的錢財奉獻給這些較小的敬拜場所，好使小教會不至受到債務的壓迫而灰心。我們不要像那個祭司和那個利未人一樣從一旁走過去。這樣提供幫助的教會就會得到何等大的福氣，而較貧窮的教會既認識到自己受到善意的關注，就會有何等大的愛心啊！提供這種慷慨而愉快的幫助會擴大基督徒救助與責任的視野。手足情誼的紐帶和堅強溫柔的愛心就會在大小教會的成員之間產生出來；而一切小小的嫉妒和猜忌就會被這實際表達的愛火給燒盡了。——《評論與通訊》1891年7月21日 {MTC 141.1}

要繼續工作直到把教會建立穩妥——我們的工人們沒有出發去做應做的工作。我們的領袖們也沒有認識到必須完成的任務。當我想到各城市裡完成的工作那麼少，有那麼多的人尚未得到救主快來的警告時，我實在切望看見人們本著聖靈的能力，充滿了基督對將亡生靈的熱愛出去工作。{MTC 142.1}

在各城中，就在我們家門外的外邦人一直受到莫名的忽略。應該做出有組織的努力去救他們。我們現在要做工使在我們中間的外邦人悔改——那些就住在我們屋簷下的人。要把新歌放在他們口中，他們也要前去把第三位天使信息的亮光傳給現今還在黑暗裡的其他人。{MTC 142.2}

我們都需要充分醒悟，好在道路敞開時推進大城市的工作。我們已經大大落後，沒有緊隨所得的亮光進入這些城市，並為上帝豎立起紀念碑。我們必須逐步引人進入真理的全部亮光。許多人正在渴望靈糧。我們必須繼續工作直到組織起教會，並建造起一座簡單的聚會場所。我很受鼓舞地相信，許多與我們信仰不同的人，會用他們的錢財支援我們。所賜給我的亮光是：在許多地方，尤其是在美國的大城市裡，這群人會予以幫助。——《太平洋聯合會記錄》1902年10月23日{MTC 142.3}

要為新會眾建造教堂和學校——當有一群信徒興起時，就應該為持久穩定的工作仔細預備。將會需要一座禮拜堂和一所學校，可以在那裡給人們上聖經課。工人們若沒有建造一個教堂並提供一間教室和一位教師，就不應該離開他們的工作園地。……這一切已作為一個全景呈現在我面前。我看見工匠在建造簡樸的禮拜堂。新信的人有錢出錢，有力出力。為孩子預備了一間教室。選派了教師來到這裡。學生雖然不多，卻是一個愉快的開始。我聽到兒童和父母唱道：「若不是耶和華建造房屋，建造的人就枉然勞力；若不是耶和華看守城池，看守的人就枉然警醒。」（詩127:1）——《文稿》1899年第3號（《大洋洲聯合會記錄》1899年7月26日）{MTC 143.1}

新教會增添了可用工人的數量——我們要設法在每一個地方興起一群信徒，與我們共同高舉真理的大旗，為貧富各界的人作工。教會建立以後，工人就會增加，可為窮人和流浪之人作工。——《文稿》1899年第3號（《傳道良助》436）{MTC 143.2}

善用金錢接觸那些隨後能有助於接觸他人的人——若是過去幾年把投資在芝加哥的努力、才幹、人力和金錢用來使人更了解真理，那麼在末後的日子中，就會有一等聰明智慧之人接受真理並受到良好的指導，而他們現在也許就

正把真理傳給跟他們相同身分的人了。——《文稿》1900年第46號（《懷愛倫文集》4:422）{MTC 143.3}

美國的每個城市都應有上帝的一個紀念——為什麼這麼多地方被忽略了呢？且看這些尚待開工的城鎮吧！在美國有許多的大城市，不只在南方，還有在北方，都未開工。在美國的每一個城市裡，都應當有上帝的某個標誌。但我能提到有許多地方，尚無真理之光照耀。天上的天使們正在等待人類的媒介進入這些還沒有為現代真理作見證的地方。主的名受了羞辱。請閱讀你們的聖經，看看我們的工作是否根本還未開始。——《評論與通訊》1902年12月30日{MTC 144.1}

傳道人組建了新教會之後就要調到不同的園地——不要鼓勵年輕的傳道人去各教會講道。這不是他們的工作、他們需要到營外，在還沒有傳過真理的地方開始工作。要讓他們本著基督的柔和謙卑出去，從一切力量之源得到力量。……{MTC 144.2} 20MR.123.5

傳道人不宜花時間為那早已接受過真理的人作工，他們應當因基督的愛而心裡火熱起來，出去引領罪人歸向救主。上帝的使者們應當將真理的種子撒在各水旁。要一處處拜訪，一個個建立起教會。要把接受真理的人組織成教會，然後傳道人就可轉到其它同樣重要的園地去。——《評論與通訊》1902年8月19日{MTC 144.3}

各教會因傳道人在他們之間流連而軟弱——用在向我們的各教會講道的時間並沒有加強他們，卻使他們軟弱無能，要用奶餵養而不能吃乾糧。上帝一直在號召祂的傳道人撇下那九十九隻羊去尋找那隻迷失的羊。你們（史提夫·赫斯格夫婦，Stephen N. Haskell）的經驗要給凡流連於各教會的人上一課，他們是消費者而不是生產者。我們告訴你們，要倚靠上帝。讓祂指導你們。主耶穌正在應允你們的禱告。——《信函》1901年第132號（《懷愛倫文集》10:227,228）{MTC 144.4}

不要聚居

需要許多小型的中心——主希望在許多地方付出新的努力，建立小型的

機構。要開展的工作就是為推進真理開路並增強人的信心。……{MTC 145.1}

有許多園地需要開工，不要籌劃將許多大機構都設在少數特惠地區。主指示我不要建許多大型的中心；因為每一塊園地都應該有成功推展工作的設施。因此，不應讓少數大機構耗盡所有的資金收入。在小城市和大城市裡，在城外的社區裡，應該維持小型的中心，把願意從事救靈工作的忠心守望者派駐至當地。傳道的工人無論到哪裡去，繼他的工作之後都應建立小型的機構，以加速聖工的推展。當上帝的僕人忠心工作時，上帝就會在許多地方為這些機構開路。——《信函》1911年第30號（《佈道論》535）{MTC 145.2}

要在許多地區完成工作——你（凱洛格醫生，Dr. Kellogg）知道我有亮光，總的來說有太多的資源都集中在巴特爾克里克。應該在各處取得進展。在美國有多少城市還未動工啊！為何不把你的一些精力投入在安排人到不同的地區工作呢？要讓真理的感化力延伸至遠處。要廣傳如何保持健康的知識。要在幾乎還一事無成的地方開展工作。——《信函》1895年第43號（《懷愛倫文集》17:309）{MTC 145.3}

不要躲到聚居區——沒有時間向基地搬遷了。聖工要從一個城市迅速向另一個城市推展。要把藏在斗底下的燈拿出來放在燈檯上，讓它照亮所有屋子裡的人。——《文稿》1910年第21號（《醫療佈道論》302）{MTC 146.1}

聚在一起的信徒蒙召做更大範圍的服務——時光飛逝。主來算賬的日子近了。復臨信徒不要聚居在一起。我們要照著耶穌給我們樹立的榜樣去做工。經上論到基督的工作說：「後又離開拿撒勒，往迦百農去，就住在那裡。那地方靠海，在西布倫和拿弗他利的邊界上。這是要應驗先知以賽亞的話，說：西布倫地，拿弗他利地，就是沿海的路，約旦河外，外邦人的加利利地，那坐在黑暗裡的百姓看見了大光；坐在死蔭之地的人有光發現照著他們。」「耶穌走遍加利利，在各會堂裡教訓人，傳天國的福音，醫治百姓各樣的病症。」（太4:13-16,23）這就是會為真理打開門路的工作。……{MTC 146.2}

那位偉大的醫療佈道士就是如此善用祂的光陰。我想到那些守在巴特爾克里克和其它幾個特別受歡迎的地方的人，要是能到那些還沒有為真理樹立

紀念的鄉村和城鎮推展工作，就會完成任務。……{MTC 146.3}

何時我們各大教會的成員用天上的眼藥擦了他們的眼睛，他們就會起來，前去履行這個使命！何時他們的心被聖靈充滿，他們就會拜主他們的上帝，單單事奉祂！主正在呼召那些聚集在擁擠中心的人前去進入真理還從未傳到的地區。他們要把基督所吩咐的教訓傳給眾人，使人不受奇談怪論的各種迷信吸引。假師傅會進來，將人的吩咐當作道理教導人。撒但會提出巧妙捏造的虛言來妨礙基督教訓的原則。上帝號召祂忠心的使者查考祂的道，只教導基督吩咐的那些事。……{MTC 146.4}

我們的機構太卻步不前，貪圖安逸。基督的使命要字字執行。上帝的子民要把一切財物和能力都奉獻給祂。基督十字架的精兵務要義無反顧地走出營外（來13:13），忍受羞辱，追隨救贖主走過的克己之路。{MTC 147.1}

流連於各教會、向已經知道真理的那些人講道的傳道人，最好進入仍處在黑暗中的地區。他們若不這麼做，他們自己和他們的會眾就無法發展得更加全面。我們的宗教已變得軟弱多病，因為教會肢體們已把起初的愛心離棄了。他們若是願意順從主的指示，就能在基督裡成為剛強的男女。{MTC 147.2}

我奉命揚聲發出警告，並且號召那些已經聚集在巴特爾克里克的人要前去開始從事上帝指定給他們的工作。世界正在罪裡滅亡。這世界的歷史既已如此接近結局，你們要到幾時才會到急需作工的大葡萄園去呢？——《評論與通訊》1905年2月9日 {MTC 147.3}

過度集中於大機構不是上策——在國內國外都已做了一些傳道工作，但總的來說還有太多地區都未開工。工作做得太集中了，過於集中在巴特爾克里克了，而這意味著園地的其它部分被搶奪了應有的設施。大而又大的準備工作，建立並擴建樓房，召集了這麼多的人在巴特爾克里克，並不符合上帝的計畫，而是直接違反祂的計畫。{MTC 147.4}

有人主張把這麼多機構集中在一起是大有好處的，可以互相支持，幫助那些尋求教育和職業的人。這是人的推理。應該承認，在人看來，把許多機構集中在巴特爾克里克有眾多的好處。但我們眼界應該擴大。{MTC 147.5}

應該把這些資源分成許多部分，以便在需要成為重點中心的各城開展工作。房屋要建造起來；責任要分散到許多地方。巴特爾克里克過度擴張的行為搶奪了這些地方重要的屬靈資源。——《教會證言》卷八59,60 (1904)｛MTC 148.1｝

聚在一起的信徒喪失了使命感——主的話臨到我，說有太多信徒聚集在少數地方，而且許多人正在喪失「時候不多」的危機感，不再覺得有責任傳揚第三位天使的信息。每一個這樣的信徒都要真心悔改。那些在我們的出版社工作的人更要對生靈有負擔，並要在大街小巷作個人之工。｛MTC 148.2｝

在我們的一些培訓和傳道中心，人員的驟增並非是榮耀主。——《文稿》1910年第53號｛MTC 148.3｝

巴特爾克里克的大火是主所允許為要分散教會的機構——主允許大火燒毀了《評論與通訊》出版社和療養院的主要建築物，從而消除了極力反對搬出巴特爾克里克的最大障礙。祂的計畫並不是重建一個大型的療養院，而是我們的人應該在幾個地區建立機構。應該在可獲得農用耕地的地方建立這些小型的療養院。——《教會證言》卷八227 (1904)｛MTC 148.4｝

建立教會的策略

在建立教會時祈求上帝引導——我們必須尋求上帝的智慧；我憑著信心見到在那城市（紐西蘭帕默斯頓，Palmerston）中有一個堅強的教會。我們的工作，必須是警醒禱告，請教那位奇妙大能之主。那位比陰間最強權勢更強的主，能從撒但那裡奪回俘虜。在祂的指導之下，眾天軍必繼續與一切黑暗的勢力作戰，在那城市中樹起真理與公義的旗幟。——《信函》1893年第79號（《佈道論》39）｛MTC 149.1｝

悔改的人要完全紮根在真理上——無論在哪裡付出努力興建了教會，都要徹底而忠實地教導那些接受真理的人。任何一部分的工作都不可忽略，當工人們前往新的園地時，不要撇下他們不管，而應繼續關懷和指教他們。不要讓任何事有不完全的、馬虎隨便的樣子。無論做什麼都要做得周到徹底。這樣被引入真理的少數人反而會及時取得更多的成就。不若那些人數雖然多，卻未受教育和訓練、未曾認識自己的責任，反將自己的癖性帶入宗教經驗中的人。消除

已做錯的，並給工作加上另一種模式，要比從一開始就正確做工要困難得多。
——《評論與通訊》1886年10月5日 {MTC 149.2}

不理會批評者

　　不穩定的信徒削弱上帝的聖工——在教會的全部歷史中，沒有一次的改革運動不是冒著嚴厲的障礙前進的。在保羅的日子也是這樣。這位使徒無論在什麼地方興起教會，就必有一些自稱是接受這信仰的人引入一些異端邪道。這些異端如果被眾信徒接受的話，就必把熱愛真理的心拋諸腦後。路德也曾因一些狂熱之徒的作風而遭遇極大的困難和煩惱。這些人說有上帝直接藉著他們講話，所以他們重看自己的感想和意見過於聖經的見證。許多缺少信心和經驗的人，反而會感覺十分自滿。他們喜歡「說說聽聽」新奇的事，結果就受了這些新教師的迷惑，並幫助撒但的爪牙去破壞上帝感動路德所建立的聖工。衛斯理兄弟和其它以自己的影響和信心為世人造福的人，也都曾步步遭遇撒但利用詭計策動那些過激、偏執和不聖潔的分子所發起的各樣狂熱。——《預言之靈》4:245（1884）{MTC 149.3}

11 ｜ 特定城市的事工

北美

美國的工作要擴大 ——我親愛的朋友們，我想要告訴你們，在美國這裡的工作要大大擴張。本應該在美國完成卻沒有完成的工作那麼多次被呈現在我面前，使我的心情沉重。一個又一個的城市原應該開工，要是忠心地做了這項工作，原會把那些能前去爭取他人歸於基督的人帶入真理。在每一個城市都應該為上帝設立紀念。然而管理工作的方式卻導致財源枯竭。沒有努力在美國各城樹立真理的旗幟已造成了消費大於生產的局面；而且如今要怎樣推進工作也成了一個難題。——《信函》1903年第20號（《懷愛倫文集》7:123）{MTC 151.1}

東北部

要再度對受1844年運動影響的城市開工 ——我蒙指示，得知這末世的福音應該再次大力傳給在東部諸州的各城市。在東部許多大城市中，那第一和第二位天使的信息，已在1844年運動時傳揚過了。但是在我們作上帝僕人者的身上，卻負有傳揚這第三位天使信息的責任，這乃是結束的信息，就是要預備百姓迎接君王蒞臨。我們須竭盡一切的力量，將真理的知識傳給凡願意聽的人，而且願意聽信的人真不在少數。上帝在許多大城市之中都有忠誠的人，他們很關心想知道何謂真理。——《教會證言》卷九98（1909）{MTC 151.2}

要在東北部各城傳揚第三位天使的信息——東部的這些城市現在都要重新開工，那裡曾以大能傳過第一和第二位天使的信息，我們也曾在教會草創初期在當地傳講第三位天使，並呼召人要分別出來成為特殊子民的信息，要在現今重新傳述。那裡有緬因州的波特蘭；有波士頓和周圍的許多城鎮；有紐約市和附近人口眾多的城市、有費城、巴爾的摩和華盛頓。我不必一一列舉；你們知道有哪些城市。主希望我們在這些城市裡大力傳揚第三位天使的信息。{MTC 152.1}

我們無法自己運用這能力。我們所能做的，就是選拔精明能幹的人，敦促他們進入這些敞開的機會之門，本著聖靈的大能，傳揚信息。——《文稿》1909年第53號{MTC 152.2}

西部教會的肢體要支持東部的佈道工作——當我們忠心地在鄰近地區和附近的城鎮作工時，我們在大城市中傳揚明確的信息時，就會見到上帝的救恩。……{MTC 152.3}

真理要在東部各城如明燈發光，我們西部的弟兄們現在有特權在最先傳揚過第一位天使信息的那些園地推進上帝的聖工。——《文稿》1910年第23號{MTC 152.4}

波士頓（麻薩諸塞州，亦稱麻省）

工作應該包括波士頓——我蒙指示，波士頓必須開工；我知道擁有這處療養院地產，是我們在東部各州的工作能得到的最大福氣之一。——《評論與通訊》190年9月29日{MTC 152.5}

波士頓有數千人等著聽到真理——我深深盼望波士頓能聽到上帝的道和我們信仰的緣由。求主興起工人進入這個園地。……在波士頓有數千人渴望耶穌的簡樸真理。——《特別證言》系列二13:8（1908）{MTC 152.6}

以大能傳揚信息——你（但以理·克雷斯，Daniel H. Kress）和你妻子如果在波士頓和其它東部城市聯手開展醫療佈道工作，你們的成效就必增加，而且會有新的任務清晰地展現在你們面前。在這些城市裡，第一位天使的信息曾在1842年和1843年大力傳揚。現在時候已到，第三位天使的信息要在東部廣泛傳

揚。有一項大工擺在我們東部的各療養院面前。隨著工作的完成，這信息要以大能傳揚出去。──《信函》1910年第20號（《健康勉言》547）{MTC 153.1}

要在波士頓和其它新英格蘭城市開展醫療佈道工作 ──當新英格蘭療養院從麻省的南蘭開斯特遷到梅爾羅斯時，主指示我這是按照祂敞開的旨意安排的。梅爾羅斯的建築物和場地有利於我們醫療佈道工作的推廣。醫療佈道工作不僅要在波士頓開展，而且要在新英格蘭其它許多未開工的城市裡開展。梅爾羅斯的場地有利於把與我們信仰不同的人吸引到療養院來。貧富貴賤各等人，都會來療養院就診，受益於健康的恢復。{MTC 153.2}

主多次向我指出要在波士頓忠實地開展工作。亮光要照到市區和市郊。梅爾羅斯療養院是把真理傳到波士頓的最大媒介之一。波士頓及其郊區必須聽到傳給我們世界的末世憐憫信息。必須在多處舉行帳篷大會。工人們必須充分運用上帝賜給他們的才幹。恩賜將藉著靈巧的使用而增加。但不可抬高自我。不要制定精確的路線。要讓聖靈指導工人。他們要始終仰望使他們信心創始成終的耶穌。如果大家都願意存謙卑的心與上帝同行，這個大城市的工作就會因聖靈的啟示而引人注目。……{MTC 153.3}

我們希望負責新英格蘭聖工的人與梅爾羅斯療養院的管理人員合作，採取積極的步驟推進波士頓的工作。可以有上百位工人在波士頓不同的地區服務，從事各方面的聖工。──《特別證言》系列二13:12,13（《健康勉言》554，555）{MTC 154.1}

紐約市

要把信息傳給紐約市的商人──你應該意識到為紐約市工作的明確責任。必須把信息傳給在紐約和其它大城市各公司裡的人，就像傳給在國外的外邦人一樣。仇敵會很高興見到關乎當代的重大救人真理，被侷限在少數地方。他是隨時伺機而動的。他正將欺人的理論逐漸灌輸到人們的心裡，使他們心眼盲目，悟性混亂，以致不能認識救人的真理。星期日法很快就要執行，位高權重的人會苦毒地對付那一小撮守上帝誡命的人。──《信函》1909年第168號（《懷愛倫文集》4:278,279）{MTC 154.2}

在紐約和其它城市附近需要療養院和學校——在紐約市附近，我們需要一所療養院和一所學校。設立的時間耽擱得越久，就越困難。{MTC 154.3}

最好在城外購置一塊地方作為我們傳道工人的家。讓他們能獲得清潔而未遭污染的水是很重要的。因此，考慮到山間地點的好處，往往是有利的。……在城市裡也要購置一塊地方，以實施簡單的醫療工作。……{MTC 154.4}

要在好幾座城市的附近購置這樣的家園。要有能幹的人認真積極地在這些城市中傳警告的信息，然後再傳給全世界。可以說我們只接觸了少數的城市。——《信函》1909年第168號（《醫療佈道論》308）{MTC 155.1}

開展醫療佈道工作的重要性——在紐約開展醫療佈道工作，將是你們（史提夫·赫斯格牧師夫婦，Stephen N. Haskell）所做的最好的事。我蒙指示，如果有經驗的人們能從事這項工作，正確地表現真正的醫療佈道工作，那就能發揮強大的影響，給人留下良好的印象。——《信函》1901年第195號（《佈道論》387）{MTC 155.2}

需要工人並要建立餐廳——1901年的冬天，我在紐約時領受了關於在那個大城市作工的亮光。夜復一夜，我們的弟兄應該採取的方針，呈現在我面前。在紐約市區及郊區，真理的信息要像點著的明燈一樣照射出去。上帝會為這項工作興起工人來。祂的天使會行在他們前面。雖然我們的各大城市正在迅速接近與洪水前的世界相似的狀況，雖然他們的邪惡如同所多瑪，可是在其中還有許多誠實正直的人，他們在聽到復臨信息的驚人真理時，就會感受到聖靈使人信服的能力。紐約已經預備好了，可以開工。在那個大城中，要以上帝的大能傳出真理的信息。主在呼召工人們。祂呼召那些在聖工中已獲得一種經驗的人，本著敬畏祂的心，開始從事並發揚要在紐約和美國其它大城市做成的工作。祂也呼召人將錢財用在這項工作上。{MTC 155.3}

我蒙指示，我們不應當因為在布魯克林有一家素食餐廳就感到滿足，乃當在城市各個市區都設立餐廳。在紐約這一大地區生活的人，不會知道在這大城市其它地區發生了什麼事。那些在不同地區、我們設立的餐廳中進食的男

女,將會感到在健康上有了進步。一旦得到了他們的信任,他們就會更容易地接受上帝特別的真理和信息。——《教會證言》卷七54,55(1902){MTC 155.4}

需要接觸城市中心誠實的人——還有紐約——那座邪惡的大城,誰對那個園地有負擔呢?誰感到必須捨己以便在那個城市裡開展工作呢?它確實是一座邪惡的城市,但上帝既在所多瑪有一個羅得,祂在紐約也有一群子民,他們正在渴望黎巴嫩的清水,如鹿渴慕溪水。紐約隨時可以開工。我上次在那裡,恰好在離開這個國家去澳大利亞之前,主指示我看到應該在紐約建立祂的工作。祂指示我看見,要是人人都願意上來幫助祂,就能成就一番大事。上帝的能力要把真理傳入這個城市。{MTC 156.1}

我們的人中間並不比過去更缺乏財力。我們的人在加州肯定不缺乏財力。然而儘管如此,紐約的大園地卻沒開過工,同時每週卻有一大批會眾在(巴特爾克里克)帳幕禮拜堂聚會。人們應該感到上帝的責備臨到他們頭上,因為他們沒有在還不知道真理的地區為祂作工。他們若有清教徒前輩們的精神,就會前往地上的荒地為上帝作工。——《總會公報》1901年4月10日第183,184頁{MTC 156.2}

寧可帶息借款作工也不要停工——與其讓紐約的工作中斷,我寧可借錢付利息,也要推進那裡的工作。——《信函》1901年第141號(《懷愛倫文集》4:319){MTC 156.3}

成千上萬的人等著要聽信息——在紐約,有許多人已經成熟可以收割了。在這個大城市中,有數以千計的人未向巴力屈膝。天使說:「看哪,我報給你們大喜的信息,是關乎萬民的。」(路2:10)紐約包含在「萬民」之中。我們希望看到在新年開始的時候,教師們在紐約各地區開展工作。在這個城市有一項工作要完成——一項十二年前就該完成的工作。為什麼沒有做成呢?因為人們沒有覺悟到我們所處時期的重要性。他們沒有準備好去做需要完成的工作。那些在健康改良方面沒有悔改的人,不能按照上帝的命令作工。所以如今在1901年才缺乏工人。——《文稿》1901年第117號(部分內容在《佈道論》387){MTC 157.1}

開展跨族群事工——在紐約、芝加哥以及其他人口眾多的大城市中,有許

多外國人。他們來自各個國家，幾乎都沒有得到過警告。在復臨信徒中有人大發熱心——我不是說這火熱之心太過——要到外國去作工；但他們若能對附近的城市表現出同樣的熱心，上帝也會很高興的。上帝的子民需要理性的行動。他們應當嚴肅認真地在這些城市中動工。要派遣獻身有才幹的人，進入這些城市開展工作。各類工人要同心協力警告百姓。——《評論與通訊》1914年10月29日（《基督徒服務大全》199）{MTC 157.2}

現在要利用各種方法在紐約市作工——對紐約動工的最佳時機就是現在，正是此時此刻；要盡量把道路修直，好完成工作，同時要讓大家都能注意到鄰近地區所表現出來的興趣。……{MTC 157.3}

在大紐約的工作，要以能適當表現上帝真理之神聖和聖潔的方式開展。素食餐館、治療室和烹飪學校要建立起來。人們要受教知道如何預備健康食物。要向他們說明必須丟棄茶、咖啡和肉食。{MTC 158.1}

與周圍地區和關注重點不同，大紐約必須與總會有不同的關係，而且就傳道工作來說，也必須以不同的眼光予以考量。大紐約本身就是一個世界。在某些方面，管理的方法應與周圍的地方不一樣。{MTC 158.2}

上帝有祂指定的媒介來擴大我們的影響範圍，增加願意作真正的傳道士——為拯救同胞的靈魂而作工的人數。那些人不應受任何界限以限制他們的工作範圍。基督的教會必須始終想著前進，總是教育工人為基督取得進一步的勝利。它應該不停地活動，直到把真理傳到世界各地。……{MTC 158.3}

主原希望紐約和它周圍地區及各城多年前就開工了，而今機會既然更加顯明了，就應在各地區各教會吸引人心，參與推進福音信息的工作。在葡萄園中凡遭到忽視的地區，人心都應有真正的、活潑的經驗而激動。而今既有一項大工啟動，就不可有一個人抱著手，而要人人都滿有興趣地關注教會的每一個舉動。{MTC 158.4}

在大紐約各區的各教會如今要感到他們天賜的神聖責任。主的話語是要他們在這個廣大的傳道園地忠心作工，一切批評、挑剔和弟兄間離心離德的事都要停止。各樣偏見，他們的惡思惡言都要拋棄。上帝不會再容忍那種不斷在

我們紐約各教會控制事物的思想。這裡的園地已經準備好收割。我們無論往哪個方向看，都要看到我們的弟兄們在做著指定給他們的工作，這工作延伸到不可測量的大範圍。不要聽從那些抱持和孕育偏見的人。工作要在上帝的指導之下前進，並使那些好紛爭之徒從福音的大道上除去，使上帝的工作前進。——《重要證言》（第38號小冊）6-9（1903）{MTC 158.5}

附近的城市——特倫頓和布魯克林要開工——我深感特倫頓（Trenton，紐澤西州）會成為一個集中點，與（紐約的）布魯克林及紐約城外的其它地區一樣。我們看到紐約內外各方的園地確實都要開工。應該設立一個大堂，好方便使紐約市內和郊外周圍地區的人聚集。……{MTC 159.1}

上帝現在希望我們在各城藉著恩賜的神聖感化力，對人心產生的影響來作工。若是上帝的旨意得到執行，一個人心意的改變就意味著許多人心意的改變。「我們沒有一個人為自己活。」（羅14:7）我們沒有一個人打算榮耀自己。主把基督賜給我們世人，並且連同基督賜下了一切能對人性有益處的事物。當有組織的教會竭力發揮其受託付的才幹和影響——就是主賜下基督，然後要求人把那種能力和影響置於聖靈恩賜的能力之下以使人的工作取得成功，使他們的合作取得顯著成就時，人怎麼會在自己應成就的事上失敗呢？……{MTC 159.2}

教會打算用基督教的手段為世人的悔改做什麼呢？主要求在各城設立祂的紀念。必須在各城開展散發真理影響的工作，這對那些聽見並且願意響應的人有一種成聖的能力。——《信函》1901年第183號 {MTC 159.3}

美國中大西洋城市

費城（賓夕法尼亞州）

傳道人要到市民關注宗教問題的地方去——應該在費城和其它重要地區開展工作。傳道士應設法進入所有這些地方。那裡的人正為星期日立法，和在公立學校上宗教課的問題，展開劇烈的辯論。復臨信徒不利用這些天賜良機傳揚真理，使我心情沉重，夜夜難以入眠。——《評論與通訊》1905年4月20日（《佈道論》394,395）{MTC 160.1}

在聖靈的指導下作工帶來效果——我們應該高興看到在費城和波士頓完成了特別的工作。要是人們願意做需要完成的個人之工，許多人就會悔改歸主。借助於受聖靈感化之人的工，會使許多人認識真理。——《文稿》1905年第162號（《懷愛倫文集》10:228）{MTC 160.2}

華盛頓特區

在美國的首都只有極少數的人得到警告——關於在華盛頓應更加努力地開展工作，我已經寫了很多。有亮光賜給我，說明應該立刻在該城有所作為。在國家的中心竟沒有做什麼事來表明上帝子民的忠誠，這真是奇怪！我們被賦予人類最重大、且能擁有的最偉大真理。美國首都華盛頓是這真理應該發出光芒的地方。然而在那裡做了什麼來傳揚真理呢？我們為沒有做忠心的管家而向上帝提出什麼藉口呢？——《信函》1903年第132號{MTC 160.3}

在佈道會期間不要調動工人——要在國家的首都大力推進傳道工作。……{MTC 161.1}

我很高興你（普雷斯科特牧師）已著手在華盛頓傳道，並引起了人們深厚的興趣。那裡工作的狀況，與我所得到的指示幾乎一樣。我很有把握，因為情況已經向我介紹了。這項工作不可因將所需要的工人召到其它地方而削弱。……{MTC 161.2}

要在華盛頓開展傳道工作。這項工作不要因其它地區的需求而遭到干擾。上帝會使祂的聖工在大路上勇往直前。{MTC 161.3}

丹尼爾斯牧師（Daniells），你正在主希望你去的地方，你不要擔負過多的責任。華盛頓長期以來被忽略了。現在必須在那裡開展果斷的工作。主必賜下力量和恩典。工人們切勿因許多迫切要求關注的事而分心轉離這工作。這就是我感到憂慮的原因，因為華盛頓工人們的每一才幹都要以最有利推進祂的聖工的方式使用。——《信函》1904年第53號（《佈道論》395）{MTC 161.4}

城市裡需要開展個人之工——我呼籲華盛頓的信徒們來幫助主，幫助耶和華抵擋強大的黑暗勢力。需要在這座城市及其郊區，開展個人之工。要預備王的道路，舉起旗幟，高而又高。在華盛頓和巴爾的摩，以及南部和東部的許

多大城市，都有傳道的工作要做。要把教導和醫療工作結合起來。傳道人和醫療佈道士要穿上上帝的全副軍裝，出去傳講福音的信息。要在華盛頓宣揚明確的信息。號角要吹出確切的聲音。——《信函》1908年第304號（《佈道論》397）{MTC 161.5}

塔科瑪帕克（華盛頓特區）

捐款幫助維持華盛頓附近的工人——我們懇勸住在塔科瑪帕克的人成為上帝的同工，將真理的旗幟插在尚未開工的地區。要把所募集的大量捐款一部分用於供給華盛頓周圍各城的工人。要忠心地進行挨家挨戶的工作。處在安全的方舟以外的生靈快要滅亡。教會的信徒要在鄰里高舉真理的旗幟。傳道人要支起他們的帳篷，向人大力宣講真理，然後再轉到鄰近的地區傳講真理。——《信函》1909年第94a號（《佈道論》397）{MTC 162.1}

首都華盛頓周圍的地區要開工——上週日，我們沿著我們的土地（塔科瑪帕克）相連的地區開了很久的車。丹尼爾斯姐妹與我們在一起，她帶我們看了離我們土地最近之人的居住點。我們對這些住宅區的外觀感到很滿意。房屋乾淨舒適，周圍有很美的院子。{MTC 162.2}

我們看到的地方使我想起了初次訪問奧克蘭和舊金山時所見到的。那時奧克蘭還沒有現在這麼大。它被稱作舊金山的臥室，因為許多商人在舊金山工作卻住在奧克蘭。塔科瑪帕克也可以喻為華盛頓的一個臥室。有許多商人住在這裡，每天早上進城工作，晚上回到安靜的郊區休息。……{MTC 162.3}

我感謝上帝使我們在這裡設立聖工。基督如果在地上，祂就會說：「舉目向田觀看，莊稼已經熟了，可以收割了。」（約4:35）我們有一項工作要做，引領寶貴的生靈一步步前進。……{MTC 162.4}

我對這個地方的期望很高，與我過去進入新園地的時候一樣。這個地區方圓數英里和華盛頓周圍數英里都要開工。我們不要談論說，要是把那些花在了少數地區的錢，用在極需要之地為上帝設立紀念的話，將會有多大的成就；我們要轉而面對現在。我們要本著愛心、信心、盼望和勇氣傳講真理。……{MTC 163.1}

我們完全相信在購買這塊地時，主就在我們前面領導，我們要竭盡所能地執行祂的旨意，在這個地方建立祂的工作。我們將需要具有最佳才幹的年輕人在華盛頓工作。……必須在華盛頓傳揚信息，必須從那個地方前往南方各城。……{MTC 163.2}

上個安息日我在塔科瑪禮堂講道，那裡坐滿了人。我從〈約翰福音〉第15章講起，在細述這個題目時，我自己的心靈也得到了更新。有許多市民在場，禮堂的業主也在場。{MTC 163.3}

星期日，我在M街紀念教堂對那群聚集到華盛頓召開帳篷大會，和做查經工作的工人們演講。我的心充滿了一種渴望，切願凡參加這項重要工作的人，自己在上帝的事上有一種日常的經驗，好使他們能以贏得主讚許的方式來補上所分派給他們的職位。他們在所做的一切事上都要徹底。在這一點上我們怎麼堅持都不為過。……{MTC 163.4}

我們美國的工人在擴展主的工作上，應該顯出很大的興趣。他們應該深感憂傷和羞辱，因為想到最近二十五年來一直擺在他們面前的各城還沒有聽到現代真理的信息。有些外邦人就在我們的區域內、在我們的大城市裡。然而誰對這些未受警告的人有負擔呢？誰樂於把自己的錢財投資在啟迪他們的工作上呢？──《文稿》1904年第38號{MTC 163.5}

中西部城市

芝加哥（伊利諾州）

要從鄉村出發開展對芝加哥的工作──當前，有些人必須在芝加哥工作，可是他們必須為在農村地區建立工作基地作好準備。從農村基地裡再向城市作工。主希望祂的子民往周圍查看，購置低廉的土地建立工作基地。他們會時常發現一些大的土地，並以意外的低價購進。──《文稿》1906年第33號（《醫療佈道論》305,306）{MTC 164.1}

在各大城市開展民族工作──我們乘車出去看（芝加哥）橡樹街上新建立的瑞典傳道團。我們在那裡看到了我們的瑞典弟兄在莫泰森牧師（S. Mortenson）的領導下，最近買下了作為他們芝加哥工作總部的樓房。這棟樓房

看起來不錯。底層是設備齊全的素食館。二樓是舒適寬敞的聚會大廳，足可容納約150人聚會。上面兩層租給房客。我很高興見到瑞典聖工在芝加哥進展的這個成果。{MTC 164.2}

有一項大工要為美國大城市的各國移民成就。這樣的聚會點大大有助於引起人們的關注和工人的培訓。在美國的各大城市中，有許多不同國籍的人。他們必須聽到當代的信息。我希望看到有人無私地承擔起主所指定要做這些工作的證據。類似像芝加哥為瑞典人所做的工作，應該在許多地方展開。——《評論與通訊》1905年2月9日（《醫療佈道論》572）{MTC 164.3}

關於購買城市產業的告誡——在芝加哥以及在其它大城市不久要發生的場面，在我面前閃過。當邪惡增加，上帝保護的能力撤回時，就會有毀滅性的狂風和暴雨。建築物會被火摧毀，因地震倒塌。……{MTC 164.4}

在這之後不久，我蒙啟示看到在芝加哥的一些建築物和我們的百姓蓋這些建築的施工草圖，以及它們的毀壞，這個異象對我們的百姓是一個實際教訓，警告他們在芝加哥或其它任何城市不要投入大量貲金於產業上，除非是上帝的旨意明確地開路，並明白地指出有義務建造或購買，作為宣傳警告信息之必需。關於在洛杉磯建造樓房，也有相似的警告。我再三蒙指示我們一定不能在城市投資蓋昂貴的建築。——《文稿》1906年第33號（《末日大事記》113,114）{MTC 165.1}

在芝加哥以外的地區清楚地傳揚福音——主上帝要我們去到至今還未曾聽過真理的許多地方，清楚有力地宣揚真理的道。主希望讓百姓受到警告，因為在短時間內要成就大工。我聽說上帝的道已在芝加哥以外的許多地方傳揚。有許多聲音帶著大能力宣揚真理。他們所傳的不是虛幻的學說，而是警告的信息。從那些不講虛幻的學說和誤人之科學的人口中，傳出確實的真理。同時還有一些人盡力鼓吹有關上帝和基督的虛假學說。會有神蹟奇事出現，倘若能行，連選民也迷惑了。——《文稿》1906年第33號（《醫療佈道論》305）{MTC 165.2}

丹佛（科羅拉多州）

儘管有挑戰，仍要在丹佛開工——當這件事擺在我面前時，我看到需

要在丹佛做紮實的工作。在過去，許多事情都不利於興旺那裡的聖工。這種不利的影響至今尚未完全消除。——《信函》1901年第8號（《佈道論》402）{MTC165.3}

南方城市

納什維爾（田納西州）

要以簡樸的方式傳揚信息——對於在納什維爾市裡及周圍地區的工作，我們應該盡力使它根基穩固。應當以簡樸的方式作工，且應以一種會宣揚真理的方式。南方有許多地方為我們的工作敞開了門戶；但我們一定要在重要的城市開始工作，並且現在就傳揚信息。「萬軍之耶和華如此說：『過不多時，我必再一次震動天地、滄海，與旱地。我必震動萬國；萬國所羨慕的必來到，我就使這殿滿了榮耀。這是萬軍之耶和華說的。』」（該2:6、7）——《特別證言》系列二11:4（1908）{MTC 166.1}

新奧爾良（路易斯安那州）

工人們要牢記聖工的最高利益——要在新奧爾良開展工作。要在今年適當的一個時間，在那裡舉行一次公開佈道。要在許多地方舉行帳篷大會，並在帳篷大會結束之後繼續傳道工作。這樣才能把禾捆收回來。{MTC 166.2}

既然在新奧爾良的工作要更為全面地展開，我奉命要說：已經認識真理、明白主方法的人，要進入這座城市，以智慧和敬畏上帝之心從事工作。蒙揀選為新奧爾良作工的人應該牢記聖工的利益，始終關注上帝的榮耀，願意把以色列上帝的力量作為他們的前衛和後盾。如果主的工人願意尋求祂的忠告和指示，主一定會垂聽應允他們的禱告。——《文稿》1907年第49號（《佈道論》399）{MTC 166.3}

去城市工作不要批評已在那裡工作的人——主上帝一直在作工。我的弟兄們，與其批評已經做過的事，不如把話省給那些尚未開工的大城市，例如新奧爾良、孟斐斯和聖路易斯。要到那些地方去為人作工，但是不要對那些竭盡全力推進聖工的人說一句責難的話。有時這些工人幾乎氣餒灰心了，但我們要不住地為他們代禱。無論我在哪裡，我都會要求上帝的子民為他們代禱。——《評

論與通訊》1905年5月25日（《佈道論》401）{MTC 167.1}

西部城市

加州的城市

集中力量建立上帝的事業——在前一次的異象中，我蒙指示看到我們必須在加州進行推廣並鞏固我們已經著手的工作。我蒙指示看到那必須在加州、澳大利亞、俄勒岡州和其它地區推進的佈道工作，遠比我們過去所想像、預期與計畫的更為廣泛。我蒙指示看到我們現在並沒有跟著上帝敞開的天意所引領的速度向前推進。我蒙指示看到如果相信這信息的人，不因不信和自私而向仇敵讓步，卻集中全力於一個目標——建立現代真理的事業，這現代真理就必在加州成為一種偉大的力量了。——《懷愛倫自傳》209，210（1874，1915）{MTC 167.2}

傳道人應意識到上帝在加州各城傳道的呼籲——我們難道不應該全力以赴地在舊金山和奧克蘭等大城市，以及加州其它城市建立起聖工嗎？成千上萬住在我們附近各城的人，需要各種方式的幫助。但願福音的傳道人認識到主耶穌基督對祂門徒所說的話：「你們是世上的光。」（太5:14）——《文稿》1900年第79號（《佈道論》403）{MTC 167.3}

雷德蘭斯和加州南部的其它城市要開工——數年前，加州南部的許多地方在我看來是很重要的園地，需要認真的工作。我還在雷德蘭斯（Redlands）時，看到它是這些地方中的一個。有亮光賜給我，說明加州南方各城未開工的狀況，對那些知道真理的人來說是一種羞辱。最近辛普森牧師在雷德蘭斯舉辦了帳篷大會，結果給教會加添了許多新成員。我們為此讚美主。然而在雷德蘭斯仍有許多工要做成。我們現在需要在加州南部的各城付出懇切的努力。——《評論與通訊》1905年4月6日{MTC 168.1}

在旅遊度假城市要建立餐廳和診所——我在洛杉磯時曾蒙指示，不僅應在那城的不同地區，也要在聖地牙哥和南加州的其它旅遊度假地點，建立健康餐廳和診所。我們在這些方面的努力，應當包括那些較大的海濱休憩勝地在內。猶如施洗約翰在曠野所發「預備主的道」（太3:3）的呼聲被人聽見一樣，主的使

者也必須在各大旅遊勝地及海濱休憩所發出呼聲，使其廣為人知。——《教會證言》卷七54,55 (1902) {MTC 168.2}

舊金山和奧克蘭的所有區域都要傳道——在加州有工作要完成。這項工作一直很奇怪地被人忽視。但願這項工作不要再被耽延了。當傳講真理的門戶敞開之時，我們就要準備好進去。在大城市舊金山已經做了一些工作，但是當我們研究這地時，發現只開了個頭而已。應該盡快地在該城及奧克蘭的不同地區作出有良好組織的努力。舊金山的邪惡還沒有被人認識到。我們在該城的工做必須拓寬加深。上帝看到其中有許多人要得救。——《教會證言》卷七110 (1902) {MTC 168.3}

在舊金山上帝的聖工要擴大加深——（1900年）11月10日，安息日，我站在舊金山教會面前，看著大批會眾時，我的心情難以形容。我回憶起24年前，那時丈夫和我正計畫在舊金山建一座禮拜堂。有些人見到那個計畫就說：「太大了，會永遠坐不滿的。」同時我們正在建造太平洋出版社的第一棟大樓和奧克蘭的禮拜堂。那時我們感到多麼擔憂，多麼懇切地向上帝獻上禱告，希望祂為這些事業的進展開路啊！{MTC 169.1}

那時我夢見兩個蜂箱，一個在舊金山，一個在奧克蘭。在奧克蘭的那個蜂箱裡的蜜蜂在殷勤工作。然後我觀看在舊金山的那個蜂箱，發現所做的很少。在奧克蘭的蜂箱似乎更有希望。過了一段時間，又叫我注意在舊金山的蜂箱，我就看到那裡發生了一次完全性的改變。蜜蜂們非常活躍。他們在認真工作。{MTC 169.2}

當我敘述這個夢時，它便被解釋為意思是在舊金山有一項大工要做成。……{MTC 169.3}

我們為這夢的原因和意義之必要性懇切祈禱，並且決心要按照所賜的亮光冒險行事。我的丈夫和我決定出售我們在巴特爾克里克的地產，好把所得的收入用在這項工作上。……這事做成了，我們就幫助建造了在奧克蘭和舊金山的教堂。主向我們顯明，在舊金山的工作雖然開始的時候進展緩慢，但它會取得穩定的進展，而且舊金山會成為一個大中心。主會用祂的聖靈激勵人以信

心、勇氣和恆心推進工作。……{MTC 169.4}

安息日上午，我們進入舊金山教會時，發現裡面擠得水洩不通。我站在人們面前時，想起了許多年前蒙主賜予的異夢和指示，便很受鼓勵。望著聚集的會眾，我感到確實能說：主已經實現了祂的話。我講道結束後，便邀請凡願意以真誠的心把自己獻給主的人到前面來。有兩百人響應了這個邀請。……{MTC 170.1}

我們懇切地希望舊金山的工作將來邁出的腳步仍是前進的腳步。已經在那裡做成的工作只不過是一個開端。舊金山本身就是一個世界，主在那裡的工作要拓寬加深。……{MTC 170.2}

在舊金山和奧克蘭有一項大工要完成。主必在這些大城市裡使用謙卑的人。……{MTC 170.3}

有些男女，主會藉著特殊的環境把他們帶到祂工作的前線。——《大洋洲聯合會記錄》1901年3月1日{MTC 170.4}

加拿大

多倫多

要在多倫多開工——我十分痛心，因為見到有工作需要做成卻沒有人去行動。我們應該禁食禱告，求主興起工人來進入收割的園地。我們要為工人們做什麼呢？布爾多牧師（Daniel T. Bourdeau）說，多倫多是一個很棒的工作園地。有一些優秀人士因真理感到扎心。有人應該被派到這個園地。——《信函》1883年第26號{MTC 170.5}

北美以外的城市

要翻譯信息讓各國人民能接受真理——有一項大工交給在歐洲傳揚真理的人。……有法國和德國，這些國家有許多大城市，有眾多的人口。義大利、西班牙、葡萄牙，這些國家曾經歷了這麼多世紀的黑暗。……他們都已向上帝的話開放，向傳給世界最後的警告信息開放。有荷蘭、奧地利、羅馬尼亞、土耳其、希臘、俄國，那裡有億萬人口在上帝眼中看來同我們一樣寶貴，他們還

不知道現代的特殊真理。……{MTC 171.1}

在這些國家裡善工已經啟動。有些人接受了真理，像擎光者一樣散佈在每一個地方。……{MTC 171.2}

但是與擺在我們面前的大工相比，所完成的是多麼少啊！上帝的天使正在感動人們的心，預備他們接受警告。在那些很少有人進入的園地裡需要傳教士。新的園地不斷地開放，真理必須翻譯成各種語言，使各國都能分享其純潔賜生命的影響。……{MTC 171.3}

書報員在銷售我們的書刊時有著令人鼓舞的成功。因為他們的工，使真光傳給了眾人，而那些因接受真理而失業的書報員，也能因此維持自己的生計。書刊的銷售在經濟上對出版社是一種幫助。在宗教改革的時代，那些離開修道院沒有其它生活來源的修道士們，走到各地，出售路德的著作，從而使之迅速傳遍歐洲。出售書報是那時傳播真光最有效的手段，現在也將證明如此。
——《評論與通訊》1887年12月6日（《懷愛倫自傳》304,305）{MTC 171.4}

有些國家比其它國家容易工作——某些國家具有優勢，可以作為教育和影響力的中心。在說英語的國家和歐洲的改正教國家，比較容易找到接近人們的途徑，也有優勢可以建立各種機構，將我們的工作發揚光大。在其它一些國家，如印度和中國，工人必須經過長期的教育，才能讓當地人聽懂他們的話，或讓他們聽懂當地人的話。在工作中的每一步都會遇到巨大的困難。在美國、澳大利亞、英國、和歐洲一些其它的國家，許多這類的障礙並不存在。美國有許多機構可以使聖工有特色。當聖工進展時，應該為英國、澳大利亞、德國和斯堪地納維亞、以及別的大陸國家準備類似的設施。在這些國家中，主有能幹的工人，有經驗的工人，這些人能開始建立各種機構、培訓工人、並且將聖工的各條戰線發揚光大。上帝計畫要為他們提供錢財和設施。所建立的機構要在這些國家使聖工有特色，並且要提供機會為更黑暗的異教國家培訓工人。如此，我們那些具有能力和經驗的工人就會百倍地發揮他們的能力。——《教會證言》卷六25（1900）{MTC 171.5}

大洋洲

要在大洋洲的城市裡開工——過去的五年間，再三呈現在我面前的是，在大洋洲的各城中要做成一項大工，目前是作工的有利時機，沒有時間可以浪費；最近有亮光臨到我，鼓勵我們在雪梨（亦作悉尼，Sidney）、墨爾本和布里斯班付出更大的努力，指明時候已到，我們要進入紐卡斯爾及其周圍的城鎮。有幾群人出現在我面前，與他們在一起的有兩大群人正伸出手來懇求說：「『請過來，……幫助我們』（徒16:9），我們急需生命的糧。」——《評論與通訊》1899年4月11日 {MTC 172.1}

醫療佈道工作要在澳大利亞（澳洲）佔重要地位——醫療佈道工作在澳洲比在美國更有希望為真理打開門路，接近人心。但願主的子民現在關注上帝開放天意的邀請，認識到現在正是作工的合適時機。——《信函》1899年第41號（《佈道論》425,426）{MTC 173.1}

健康機構使我們新地區的工作有特色——當我們在澳洲舉行眾會之時，每天都有健康講座，引起聽眾們深切的興趣。我們設立了一個醫療帳篷，有醫生和護士們在場免費指導。許多人來求助，有數千人來聽演講。到了散會之時，許多人因為覺得學得不夠多而深感遺憾。在我們舉行帳篷大會的幾個城市中，有些當地領袖催促我們開辦療養院分院，並且應許合作幫助。在幾個城市中，這項工作已經很成功地開展了。一個健康機構若得到正確管理，就會使我們在新地區的工作有特色。這個事工不僅有利於民眾，也能使參與這事工的工人們幫助那些正在福音傳道戰線上的工人們。{MTC 173.2}

在每個城市，凡是有教會的地方，就需要有一個治療的場所。在我們教會信徒的家中，幾乎沒有房間和設施可用來對病人進行適當的照顧。當提供一個地方來治療常見的疾病。房屋或許是不太雅觀，甚至是簡陋的，但應當提供簡單治療的設備。這一切若善加運用，不僅對我們的信徒，也會對他們的鄰舍帶來福氣，成為喚起許多人注意健康原則的媒介。——《教會證言》卷六112,113（1900）{MTC 173.3}

工作要從澳洲擴展到許多地方——我們在大洋洲的弟兄姐妹們在穩步推

進工作並且開拓新工時，已經竭盡全力捐款和貸款。在有巨大壓力的時期，主感動在大洋洲和美國的許多人明白他們的管家身分，因而預支款項幫助建造那裡的機構。以這種方式來幫助主的人，乃是不斷的在將財寶積攢在上帝的寶座旁。{MTC 173.4}

儘管缺乏財力，在大洋洲的工作還是成就了很多。許多艱難的仗已打過了。惟有上帝行奇事的能力才能成就所做的工。我們緩步前進時，看到了祂的能力，便口唱心和地讚美祂。我們多麼感激我們上帝的慈愛啊，因為祂一步步帶領了我們！……{MTC 174.1}

大洋洲乃是上帝指定的中心，現代真理的亮光要從這裡傳播到許多國家。從遙遠的國家有呼聲傳來：「請過來幫助我們。」這些未進入、未蒙光照的園地中有些是不容易接觸的，或許不會很樂意接受亮光，像我們眼目所及的園地那樣；但是不可忽視他們。我們要推進十字架的勝利。我們的口令應是：前進，始終前進。我們對「以外的地方」的負擔絕不能放下，直到全地都被主的榮耀照亮。——《大西洋聯合會拾遺》1903年6月17日 {MTC 174.2}

墨爾本（澳洲）

澳洲城市的居民需要警告——我們第三屆的澳洲帳篷大會在墨爾本一個人口稠密的郊區阿瑪代爾（Armadale）舉行，在該城西南，距市中心約五公里處。在年初的時候，我們的弟兄曾計畫在巴拉臘特（Ballarat）舉辦聚會，那是一座有三萬人的城市，在墨爾本以北約14公里。那裡有一個忠心的小教會需要鞏固，澳洲區會既有負債，似乎就比較願意在不像墨爾本那麼貴的地方舉辦聚會。{MTC 174.3}

但是主卻一直在賜給我亮光，要我們在各大城市完成大工。城市中的人要受到警告，現在就應該把信息傳給他們。時候要到，那時我們就不能這麼自由地在大城市裡作工了；但現在人們卻願意來聽信息，這正是我們為處於市中心的人們盡力懇切作工的時候。許多人會聽而順從，並把信息傳給他人。{MTC 175.1}

兩年前在布賴頓（Brighton）舉辦的帳篷大會喚起的慕道之心，應該由每

年在墨爾本的某個地方繼續舉辦一次帳篷大會來推進。我們的弟兄們考慮這些事的時候，便決定應該在墨爾本舉行聚會，他們在找地方的時候就蒙引領來到阿瑪代爾。起先的計畫是定在諾斯科特聚會——那裡對我們的弟兄姐妹們來說會比較方便。但主在諾斯科特阻擋了道路，並引導他們到一個利於來往人口聚集的各郊區為地點，那裡還從未傳揚過信息。{MTC 175.2}

在會議期間，我們有充足的證據表明主在會議的地點和工作都一直引導著。一個新園地已經被開拓了，而且看來是一個令人歡欣鼓舞的園地。人們並不是出於好奇心才來聚會的，像我們第一次在布賴頓和去年在阿什菲爾德聚會時那樣。大多數的人都直接來到聚會的大帳篷，專心地在那裡聽道；及至聚會結束，他們就安靜地回到自己家裡，或者聚集成群，有的提問，有的討論他們所聽到的。——《評論與通訊》1896年1月7日 {MTC 175.3}

在每一座大城市附近都需要療養院——長期以來，巴特爾克里克是我們教會所辦的唯一醫療機構。可是多年以來一直有亮光賜下，就是要在每一座大城市附近建立起療養院。在靠近墨爾本和阿德萊德這樣的城市附近應當設立療養院。一有機會就要在其它的地方開創聖工。我們絕不要伸出手來說：你們不要在其它地方設立機構，以免影響我的生意。——《信函》1905年第233號（《醫療佈道論》326）{MTC 175.4}

雪梨（澳洲）

城市工作會使許多人得救——在世界各地有一項工作要做。當我們接近世界的結局時，主必感動許多人從事這項工作。如果你（丹尼爾·雷斯，Daniel H.Kress）用你的感化力開展需在雪梨做的工作，許多從未聽過真理的人就會得救。要在這些城市裡開工。上帝拯救的大能要藉著他們像點著的明燈照耀。——《信函》1905年第79號（《佈道論》425）{MTC 176.1}

需要有經驗的管理人員來指導和統一傳道工作——在雪梨及其附近地區，目前有一項更為關鍵的工作要做。所有的郊區都比以前任何階段更適合作工。醫療佈道工作的優勢，需要在管理方面有更多的考慮和經驗才能體現出來。……{MTC 176.2}

目前雪梨的聖工分為許多部門。每一個部門的工作都需要富有經驗的管理者，使各部門彼此聯絡，組成和諧的整體。——《信函》1898年第63a號（《佈道論》425）{MTC 176.3}

為什麼球賽比上帝的應許更令人興奮？——世界充滿了種種刺激的東西。人們似乎為了熱衷於庸俗、不能滿足心靈的活動而瘋狂。我曾看見他們在板球賽場上是何等興奮；也曾看見在雪梨的街市上人群擁擠不堪，經詢問才得知是某一板球手贏了球賽。這些事令我作嘔。{MTC 176.4}

上帝的選民為什麼不更加熱心呢？他們是在爭取不朽的冠冕，爭取那無需太陽、月亮和燈光的家鄉。因為主上帝要光照他們，他們將永遠作王。他們將享有與上帝的生命一樣長久的永生。但惡人的燭光將熄滅在無知的黑暗之中，而義人在他們父的國度中，將發光如太陽。——《給傳道人和工人的特別證言》系列一5:12（《基督教育之研究》343,344）（1896）{MTC 176.5}

英國

不要因其它地方的工作而忽略英國的工作——我認為我們國家的人迫切需要明白在英國開展工作的重要性。我們談到中國和其它國家，但我們不要忘記說英語的國家。如果在那裡傳揚真理，許多人就會接受並實行。——《總會公報》1901年4月22日，第396頁（《佈道論》415）{MTC 177.1}

英國被嚴重忽略了——在英國有一番偉大的工作要做。從倫敦發出的亮光應該以清楚明確的光線，照射到遠處。上帝已經在英國作了，但這個說英文的領域卻一直受到可怕的忽視。英國需要更多工人、資源。倫敦幾乎還沒有被接觸過。當那大城的情形呈現在我面前時，我的心深深地被觸動了。想到更大的可能性還沒有提供給歐洲各地的聖工，我就感到痛苦。當我想到在瑞士、德國、挪威和瑞典的工作時，就感到極其心痛。在只有一兩個人努力推進聖工的不同分支的地方，應該有數百人作工。單單在倫敦這一個城市就應當有不少於一百人做工。主注意到祂的這項工作被忽視了，不久以後，就要予以嚴厲的追討。{MTC 177.2}

如果美國的工人肯對別人大施恩慈的話，他們就會看到英國聖工的興

旺。他們就會同情在那裡與困難鬥爭的工人，不僅會在語言上，而且會在行動上真誠地說：「你們都是弟兄。」(太23:8) 他們將在倫敦，在英國的各個城市，以及歐洲的不同國家，看到一番大工做成。——《教會證言》卷六25,26 (1900) {MTC 177.3}

倫敦

在倫敦有一項大工要做——倫敦作為一個應當成就偉大事工的地方一再呈現在我面前。我曾試圖把此事告訴我們的信徒。我在歐洲曾花了兩年的時間，去過園地三次。每次去時，我都會看到工作上的進展，最後一次出現了決定性的改進。哦，看到這片廣闊的園地——特別是倫敦——我的心就充滿了強烈的願望，要像應該做的那樣去做工。為何沒有把工人，就是能為推進工作執行計畫的人們派到那裡呢？我想知道我們的人——就是那些雖不是按立的傳道人、卻連於上帝、明白聖經的人——為何不向別人講解這道呢？他們若是願意從事這種工作，他們自己的心靈就會得到莫大福氣。上帝希望祂的子民做工。祂已把祂的工作賜給每一個人，不分男女。各人要照自己的能力去做這工作。——《總會公報》1901年4月22日，第396頁（《神的女兒》134,135）{MTC 178.1}

在倫敦傳道需要一支工人的隊伍——任何人都不要以為倫敦的工作能靠一兩個人來做。這不是正確的計畫。需要有監管這項工作的人，也需要有一支工人的隊伍，努力接觸不同階層的人。{MTC 178.2}

必須挨家挨戶上門工作。我們在澳大利亞做了這項工作，並在推進這項工作時看到了上帝的救恩。——《總會公報》190年4月22，第396,397頁 {MTC 178.3}

不要膽怯要加快做主的工作——教會裡需要熱心，更需要以智慧來管理這種熱心。你(指瓦格納，E. J. Waggoner) 的救靈工作做得太保守了！你如果看到在倫敦和周邊各城所要成就的工作，就會以一種聯合一致、不可抗拒的力量，將戰鬥進行到底，並牢牢地插下旗幟，堅信真理必勝。膽戰心驚的行為乃是不信的表現，不會有什麼成果發生。……{MTC 178.4}

英國的聖工進展緩慢的事實，並不能以此試圖合理化，因為擔心會嚇到人，所以這偉大的聖工就應緩慢地進行，以配合人的習慣和習俗。其實需要給

他們帶來比過去更多的驚奇。主的聖工需要迅速的行動；人們正因缺乏真理的知識而滅亡。——《信函》1892年第31號（《懷愛倫文集》3:13,14；《佈道論》414,415）{MTC 179.1}

德國

需要衛生餐館和療養院——在外國，許多需要錢財的事工需要開展並推進。德國和美國一樣需要開設衛生餐館，建立療養院，照顧患病和受苦的人。但願所有人都盡其所能，在主裡誇口，藉著自己的好行為祝福別人。——《信函》1902年第121號（《佈道論》413）{MTC 179.2}

要鼓勵移民的德國人支援德國的學校——我在美國的德國弟兄姐妹們，我有信息要傳給你們：上帝在德國和德國人散居的所有其它國家裡都有忠心的人。你們要思考，通過銷售德語版的《基督比喻實訓》能成就多大的善工，幫助多少的人。要盡量使用你們的勞力和資源，分擔在德國創辦和推進學校工作的費用。——《信函》1902年第121號（《論出版工作》367）{MTC 179.3}

斯堪地納維亞半島地區

需要外援但當地的信徒也要盡力——我特別呼籲我們在斯堪地納維亞的弟兄們。你們難道不願支持主已賜給你們的工作嗎？你們難道不願竭盡所能去解救你們佈道區內受困的機構嗎？不要絕望地旁觀說：「我們什麼也不能做。」停止談論灰心的事！握住那無限權能者的臂膀。要記住，你們在其它國家的弟兄們正在聯合起來幫助你們。不要灰心也不要喪膽。如果主在斯堪地納維亞的工人們願意本著信心、祈禱和盼望來盡本分，竭盡所能來推進祂的聖工、並催促祂的復臨，主就必高舉他們。{MTC 179.4}

我們在英國的信徒要付出最懇切的努力，以信心和勇氣鼓舞他們在斯堪地納維亞的弟兄們。弟兄們，我們必須來幫助耶和華，幫助祂對抗大軍。{MTC 180.1}

要記住，我們越接近主降臨的時候，就越當懇切堅定地做工；因為我們受撒但全軍的反對。我們不需要狂熱的興奮，只需要出自真信心的勇氣。——《教會證言》卷六474,475（1900）{MTC 180.2}

擴大斯堪地那維亞聖工的時間已經來到──在斯堪地那維亞也有工要做。上帝樂意藉著斯堪地那維亞的信徒作工，正如祂藉著美國的信徒作工一樣。{MTC 180.3}

我的弟兄們，你們要與耶和華萬軍之上帝聯合，但願祂受你們敬畏，現在已到了擴展祂工作的時候了。危難的日子就在眼前，但我們若在基督徒交誼之中一同堅立，不爭取高位，則上帝必施展大能為我們作工。──《教會證言》卷八38（1904）{MTC 180.4}

滿足需要的機會比工人多──瑞典只做了一點點工作，真理的聲音只傳了幾年；但它是一塊好地，應該付出懇切恆久的努力去傳播真理。從挪威、丹麥和瑞典有呼聲傳來，要在大城市中召開聚會，那裡只興起了很少的人。我們看到這些城市就感到痛苦，因為我們沒有更多的傳道士可以派到那裡去。少數已在不同地區接受真理的人也被撇下幾乎無人幫助。其實應該常常探訪他們，教育他們成為工人。機會很多；可是工人在哪裡呢？{MTC 180.5}

在瑞典，我們的弟兄大多很窮苦，若看外表，他們似乎不可能做到維持和擴展聖工。然而在聖工早期，在美國我們也曾被迫對付相似的困難。──《評論與通訊》1886年10月5日 {MTC 181.1}

斯堪地那維亞國家是有前途的工作園地──其中有些教會的狀況曾在往年呈現在我面前，有許多事顯明丹麥、挪威和瑞典是很有希望的工作園地。我們知道在這個園地中，有一項大工正擺在傳道士們面前。──《基督復臨安息日會國外佈道史略》174（1886）{MTC 181.2}

憑著向公眾表達的方式判斷工作的性質──在瑞典的厄勒布魯跟在丹麥的哥本哈根一樣，我相信只要我們的弟兄能找到一個合適的會堂容納百姓，我們就會有更好的宣傳機會。但是他們期望的少，得到的就少。如果我們宣傳說，要在一個地下室或只能坐一百人的小會堂舉行聚會，我們就不能指望人們會來聽不受歡迎的真理。我們工作的性質和重要性是根據我們為宣傳真理所作的努力來判斷的。如果這些努力非常有限，給人的印象就是我們提出的信息不值得注意。我們的工人有時就這樣因缺乏信心，給自己增加了工作的難度。

——《基督復臨安息日會國外佈道史略》200（《佈道論》422）（1886）{MTC 181.3}

容易的宗教較受歡迎——我們蒙告知，要是我們專論耶穌的愛，這些國家的人就會喜悅我們的講道。他們樂此不疲，然而我們若是講述有關責任和上帝律法的嚴肅問題，就有失去會眾的危險。有一種虛假的經驗在各處流傳。許多人不斷在說：「我們要做的一切就是相信基督。」他們聲稱信心就是我們需要的一切。就意義上，這是對的；但他們並不是以此全面來相信它。相信耶穌就是接納祂作我們的救贖主和模範。我們若是住在祂裡面，祂也住在我們裡面，我們就與祂神聖的性情有份，並且遵行祂的道。心裡對耶穌的愛會導致順從祂一切的誡命。但深度只達嘴唇的愛卻是一種欺騙；不會救任何一個人。許多人拒絕聖經的真理，卻聲稱非常愛耶穌；但使徒約翰宣告：「人若說我認識祂，卻不遵守祂的誡命，便是說謊話的，真理也不在他心裡了。」（約壹2:4）雖然在功勞方面耶穌做了一切，但在遵守條件方面，我們是有事要做的。我們的救主說：「你們若愛我，就必遵守我的命令。」（約14:15）——《基督復臨安息日會國外佈道史略》188,189（1886）{MTC 182.1}

哥本哈根（丹麥）

誠實的人看不慣周圍的世俗社會——哥本哈根好像保羅時代的雅典。追求財富和快樂的心佔據了人們的注意力，無神論盛行。吃喝、跳舞、尋歡作樂，是人們思想和談話的主題。雖有許多漂亮的大教堂；人們卻像雅典人一樣正在敬拜未識之神。雖不缺乏神學博士和飽學的講道人，但他們卻對聖經的宗教一無所知。……{MTC 182.2}

要在這些大城市裡喚起人們對宗教事物的興趣似乎是一件難事；可是他們當中有許多心地誠實的人，會接受亮光並將之反照他人。哥本哈根差派了傳道士去遙遠的國家使異教徒悔改，其實她自己多數的國民卻還確實不知道上帝和祂的話。需要具有保羅精神的人去傳講基督和祂被釘十字架。——《基督復臨安息日會國外佈道史略》185（1886）{MTC 182.3}

遠方的工作

在非洲和亞洲仍有數以百萬的人需要聽見福音——在非洲、中國、印度，

有千千萬萬的人，沒有聽見現代真理。他們必須聽到警告。海中的許多島嶼，都等著要認識上帝。在這些島上應設立學校，藉以預備一批學生，能夠到別處較深的學校去受教育和訓練，以便再回到自己的島上，把他們所得的亮光傳給本地的人。──《教會證言》卷九51（1909）{MTC 183.1}

全世界和我們一樣有權獲得上帝的憐憫──全世界正在對福音開放。衣索比亞（埃塞俄比亞）人正在向上帝伸手。從中國、日本、和印度，從美洲依然黑暗的地方、從世界的各個角落，都有被罪惡壓傷的心，呼求認識慈愛的上帝。數以百萬計的人從來沒有聽過上帝和祂藉著基督所彰顯的愛。他們是有權接受這種知識的。在救主的慈愛中，他們與我們有同等的權利。我們既已獲得這一知識，並能與我們的兒女分享，就有責任回應他們的呼求。──《教育論》262,263（1903）{MTC 183.2}

儘管有困難阻礙世界仍需警告──在每一個城市和郊區都有工作要做成，要將最後憐憫的信息傳給墮落的世界。而當我們努力對這些貧困的園地作工時，便聽到來自遙遠國家的呼聲：「請過來幫助我們。」這些園地雖然不像我們視線內的園地那麼容易接觸，也不容易看見收成，但卻不可忽視它們。我們需要推進十字架的勝利。我們的口令乃是：「前進，不斷前進！」我們絕不能卸下對更遠地區的負擔，直到全地都被主的榮耀照亮。──《大洋洲聯合會記錄》1900年1月1日（《懷愛倫自傳》375）{MTC 183.3}

12 | 個案研究

舊金山和奧克蘭

研究背景：

  1872年，懷雅各和懷愛倫初次訪問了加州。懷愛倫對住在舊金山和奧克蘭的信徒們的關懷在後來的歲月中是清楚可見的。1900年她從澳洲回到美國。她到美國不久之後，就在加州北部購買了一處家宅，她稱之為「榆園」。從那時直到1915年去世，她寫了許多勉言，涉及許多主題，但她對城市佈道特別有負擔。她所寫到的城市中，有兩個是在加州北部的海灣地區：舊金山和奧克蘭。本章主要內容是她對這兩個城市佈道的勉言。{MTC 185.1}

  舊金山和奧克蘭之所以被挑選出來，並非因為它們比世界上其它的大城市更重要。相反，這裡所作的簡要研究，意在說明懷愛倫對城市佈道的關心，並且引用她對這兩個城市佈道所發的勉言作為範例。她為這兩個城市所寫的一切勉言，並沒有全數包含在本章中，但其中的內容足以說明任務的廣大範圍，以致她號召全教會動員，來為一個大城市佈道動工。在本項研究中所展現的原則，可以幫助在世界上任何一個地方參與城市佈道的人謹慎、虔誠、全面地計畫他們的工作。{MTC 185.2}

信徒個人需要屬靈復興

信徒需要真正悔改並有救靈負擔——我⋯⋯在舊金山的大帳篷裡見到了奧克蘭和舊金山的各教會。⋯⋯我感到了作見證的負擔，及這些教會懇切地進行個人之工的偉大需要，好使別人認識真理。我曾蒙指示看到舊金山和奧克蘭是傳道的園地，而且永遠是傳道的園地。他們的人數增長會很慢；但在這些教會中，如果人人都是活潑的肢體，願意盡力光照別人，就會有許多的人被帶到我們的行列，順從真理。目前，相信真理的人並不像預期的那樣關心別人的得救。若在上帝的聖工上不積極又懶惰，會導致他們自己退後離開上帝，而他們的榜樣也會阻礙別人前進。無私、恆切、積極的努力會產生最佳的效果。我試圖使他們銘記上帝曾呈現在我面前的，祂願意藉著熱心積極的工人把真理傳給別人，而不是藉著那些僅僅自稱相信真理的人。他們不應只在口頭上傳講真理，也要藉著慎重的生活，藉著作真理的活代表來傳揚。{MTC 186.1}

我蒙指示看到組成這些教會的人，應該要成為聖經學生，極其懇切地學習上帝的旨意，以便學習在上帝的聖工中作工人。他們應當隨處撒播真理的種子，無論是在家裡、職場、市場、還是禮拜堂。為了熟悉聖經，他們應當仔細而且常常祈禱著閱讀聖經。⋯⋯{MTC 186.2}

基督徒若倚靠上帝的賜福，則無論在哪裡都是安全的。在城市裡他不會被敗壞，在賬房裡他會顯明有嚴格廉正的習慣，在技工的店裡，他工作的每一部分都會做得忠誠，單單注目上帝的榮耀。當教會的每一個成員都採取這種做法時，教會就會成功。教會的每一分子若不與上帝密切聯絡，對同胞的得救有無私的關心，這些教會就絕不會興旺。傳道人可以講出動聽有力的道理，可以付出許多努力來建立教會使它興旺，但是教會的個人成員若不盡自己的本分作耶穌基督僕人，教會就必始終處在黑暗裡，沒有力量。⋯⋯{MTC 186.3}

這些教會中有些人不斷處在危險中，因為今生的掛慮和屬世的思想佔據了他們的心，以致他們不思想上帝或天國，也不掛念他們自己心靈的需要。他們偶爾從昏迷中醒來一下，卻又陷入更深的昏睡中了。他們若不完全從沉睡中醒來，上帝就會挪去已賜給他們的亮光和福氣。——《教會證言》卷四248-286（1879）{MTC 187.1}

拋棄每一樣阻礙自己與上帝合作的罪——當有經驗的工人在我們信徒居住的社區中進行救人的特別工作時，那裡的每一位信徒就有了一項最嚴肅的責任，就是要拋棄每一樣阻礙自己與上帝、以及和弟兄們合作的罪，盡自己一切所能地掃清道路。{MTC 187.2}

我們未必都認清了這事：撒但往往在教會之中鼓動一種風氣，使信徒不能察覺服務的機會。信徒們自己也屢屢在應完全獻身上帝以推進聖工時，反被撒但利用。他們在不知不覺中，竟遠離了義路。他們因為懷抱著法利賽式的虔誠與驕傲，喜愛批評挑剔的精神，不但使上帝的聖靈擔憂而離去，而且大大地攔阻了上帝使者的工作。——《評論與通訊》1906年12月6日 {MTC 187.3}

與人分享聖經的真理之前需要重新悔改——夜復一夜我睡不了幾個小時，在夜間時分，我常常發現自己坐在床上，為那些沒有認識到自己屬靈狀況的人向上帝禱告；然後我便起來，在房間裡行走，說：主啊，在尚有一線機會之前，整頓你的子民吧！{MTC 187.4}

在代求的時候，在負擔沉重時，我常常傾心渴望，淚如泉湧，在上帝面前緊握雙手，因為我知道在奧克蘭和附近地區的教會中，有人正處在危險中——在他們的思想裡，他們對於自己要如何站在上帝面前一無所知，就如他們要是從未自稱有信仰，也會這樣無知。……{MTC 188.1}

我們應該全心渴望徹底地重新悔改歸正，叫真理在心思意念中作王，使我們可以藉著聖靈的幫助，預備好在他人面前介紹第三位天使的信息，他們非常需要這信息。——《評論與通訊》1906年12月13日 {MTC 188.2}

規劃時尋求上帝的引導

自始至終謙卑虔誠地請教上帝——各地教會的教友如果肯趁此良機，存心謙卑地來到上帝面前、除去心中一切的過錯、步步求教於祂，祂就必親自向他們顯現，使他們在祂裡面有膽量。我們必須隨時預備，在聖工上運用上帝所賜的才能，無論得時不得時，都要說幫助人和祝福人的話。{MTC 188.3}

何時信徒們能忠心盡他們的本分，主就必引導祂所揀選的傳道人，堅固他們，使他們有力量去做重要的工作。但願我們多多禱告，大家團結起來，扶

持他們的手，並從天上聖所裡領受亮光。我們切心渴望見到聖工取得應有的進步。基督是我們的阿拉法和俄梅戞。我們惟有靠祂的力量才能取得成功。——《評論與通訊》1906年12月20日 {MTC 188.4}

信徒充分研究聖經

聖經研究取代無價值的閱讀——我們需要每天從上帝聖言的大寶庫中獲取新的供應。所以，我們不會有時間閱讀小說以及其它不能啟發或加強善行的書籍。——《評論與通訊》1906年10月4日（《上帝的兒女》325）{MTC 189.1}

人人都參與

老少都要參與——應該做出最懇切的努力，使我們各教會年長和年幼的成員，都把握他們當地的工作。——《文稿》1901年第3號（《懷愛倫文集》17.47）{MTC 189.2}

提醒傳道人記住恩召——我們豈可不盡力在舊金山、奧克蘭、以及加州其它一切城市推進聖工呢？在我們附近有成千上萬的人住在城市裡，需要我們在各方面的幫助。但願福音的傳道人記住主耶穌基督對祂門徒所說的話：「你們是世上的鹽；鹽若失了味，怎能叫它再鹹呢？……你們是世上的光。城造在山上是不能隱藏的。」（太5:13,14）——《文稿》1902年第81號（《克雷斯選集》139）{MTC 189.3}

重要的準備工作

開始傳道前準備工作的重要性——威廉·沃德·辛普森牧師在奧克蘭舉辦了大型帳篷聚會。在準備這次大會期間，他一直在場指導，非常努力地工作，使場地在各方面都盡可能善盡其用。——《信函》1906年第352號（《佈道論》76）{MTC 189.4}

推薦多種傳道項目

推展的不同途徑——過去幾年間，舊金山的「蜂箱」確實很忙碌。我們在那裡的弟兄姐妹們開展了許多基督化事工，包括探訪病人和窮困的人，為孤兒找家，為失業的人找工作，看護病人，挨家挨戶教導真理，分發書刊，開辦健

康生活班和病人護理班,並在樂古納街聚會屋的地下室為孩子們開辦了一所學校。他們一度供養了工人之家和醫療佈道團。在舊金山的市場街,靠近市政廳的地方,設有治療室,作為聖赫勒那療養院的一個分部營運。在同一地點還開了一家健康食品店。在靠近城市中心的地方,離考爾大樓(舊金山的第一座摩天大樓,竣工於1898年)不遠處,開了一家素食餐館,一周營業六天,安息日關門。沿著岸線開展了船上佈道工作。我們的傳道人們於不同的時間在市裡的各大會堂舉行聚會。這樣,警告的信息就由許多人傳開了。──《評論與通訊》1906年7月5日(《論慈善工作》112){MTC 190.1}

通過擴大工作達到最高效應──在舊金山已經開辦了一個衛生餐館,還有一個食品店和診所。這些都在做一項善工,但它們的影響應當大大地拓展。與市場街上的那家相似的其它餐館,也應當在舊金山和奧克蘭開辦。──《教會證言》卷七110(1902){MTC 190.2}

素食餐館

餐館要教導健康原則──如果能在舊金山開辦更多的……餐館,就會有多麼大的福氣啊!藉著實際示範如何製作健康可口而不用肉的食物,許多人會學到寶貴的教訓。他們會對健康原則更加熟悉。──《文稿》1901年第1號(《懷愛倫文集》17:42,43){MTC 190.3}

餐館要高舉安息日──有人問我:「我們的餐館應否在安息日照常營業?」我的答覆是:「絕不應當!」因為遵守安息日乃是我們對上帝的見證,是祂和我們之間的標記和表號,表明我們是屬祂的子民。這種記號是永不應塗抹的。……{MTC 191.1}

我們要留意「耶和華如此說」這一句話,縱使因我們的順從,給那不尊重安息日的人帶來極大的不便,亦在所不惜。因為對人們來說這並不是必要之事;但對我們而言,這卻是上帝的命令。究竟哪一方面對我們最為重要呢?──《教會證言》卷七121,122(1902){MTC 191.2}

拜訪的工作必需與公開聚會一同進行──計畫讓辛普森牧師數週內在奧克蘭開始一系列的聚會。應該有一個強而有力的拜訪工作團隊與他同工。應

該在人們家中與人查經，也要散佈我們的書報。——《評論與通訊》1906年10月4日 {MTC 191.3}

培訓工人

培訓工人做個人佈道工作——赫斯格牧師與夫人在上午開辦查經班，到了下午，那些接受培訓的工人就出去作挨家挨戶的訪問。這些佈道的訪問和許多書刊的銷售，打開了舉辦查經班的門路。……{MTC 191.4}

因為這項工作的重要性，我敦促了赫斯格牧師和他妻子，作為上帝的傳道人，他們要給那些願意獻身服務的人聖經的指示。上帝願意使用謙卑的人。祂必使每一個獻身的人成為一個擎光的基督徒。最成功的人，不一定是最有口才的人、或是最精通神學的人，有時常是那些願意為主卑勤謙卑工作的人。——《評論與通訊》1906年11月29日（部分內容在《佈道論》470）{MTC 192.1}

創意的佈道方法

使用具創意且革新的佈道方法——辛普森牧師（William Ward Simpson）的工作方式使我想起了在1843和1844年所付出的努力。他並不突出自己的言語，而是多多宣讀聖經的話，一章又一章地解釋聖經。他主要講解〈但以理書〉和〈啟示錄〉，用許多圖例和適當的圖表加深人對真理的印象。為了說明〈但以理書〉和〈啟示錄〉中的獸，他還預備了逼真的紙板獸像。{MTC 192.2}

辛普森牧師盡力避免與反對者們辯論。他把聖經講得那麼清楚，以致若有什麼人不同意，顯然就是反對上帝的道了。——《評論與通訊》190年2月7日 {MTC 192.3}

多位講員要比一位講員好——在我們的帳篷大會中必須有能給聽眾留下美好印象的講員。一個人不管多麼有才幹，個人的能力也不足以應付所有的需要。應該有多種才幹應用於這些聚會中。——《文稿》1902年第104號（《佈道論》70）{MTC 192.4}

多地同時舉行公開聚會——帳篷大會必須增多。要進入一個又一個地區。資源可以分堂，聚會也可在許多地方同時進行，我們當中有才能之人能在大型

帳篷聚會中接觸許多人時，就不要來回於各城之間。——《文稿》1902年第104號（《懷愛倫文集》17:52）{MTC 193.1}

傳達聖經的真理

簡明清晰地傳達真理——S弟兄（威廉·沃德·辛普森）是一位聰明的佈道士。他說話簡單明瞭，連孩子都能聽得懂。他的講道一點也不含糊。他直接說出聖經的話，讓聖經向各等人講話。他有力的論據，都來自新舊約聖經。他沒有用那些只能使聽眾感到他很有學問的話，而是直接用清晰明白的話語，讓聖經來說話。任何人若拒絕接受信息，就是拒絕聖道。——《信函》1906年第326號（《佈道論》204）{MTC 193.2}

需要進一步行動

公開聚會後要有拜訪的工作——忠心的工人有大量挨家挨戶的工作要做。我們的佈道工作，不要因公開聚會暫時中止而結束。只要有人慕道，我們都應給他們學習真理的機會。需要由忠心的聖經教師將上帝的道教導這些新信徒，使他們增加對真理的認識和愛慕，好在基督耶穌裡長大成人。他們現在必須被最有利於屬靈成長的影響所包圍。——《評論與通訊》1907年2月14日（部分內容在《佈道論》337）{MTC 193.3}

會有批評和反對的人

反對聲音會出現甚至可能來自教會的信徒——我離家兩天前，在夜間的異象中，我受命要在安息日時告知那些我將在奧克蘭見到的會眾，他們認為那些正在竭盡全力傳播真理、推進聖工的上帝僕人犯了錯誤，所以對他們口出惡言，那些話全記在天上的記錄冊裡了。那些說了這些惡言的人若不悔改，最終就必發現自己站在上帝聖城之外。上帝必不允許好爭論的人進入天國。——《文稿》1906年第95號（《證道與演講》1:375,376）{MTC 194.1}

結語

憑著信心前進

本著信心、警醒、等候和祈禱前進——基督說過：「你們豈不說『到收割的時候還有四個月』嗎？我告訴你們，舉目向田觀看，莊稼已經熟了，可以收割了。收割的人得工價，積蓄五穀到永生，叫撒種的和收割的一同快樂。俗語說：『那人撒種，這人收割』，這話可見是真的。我差你們去收你們所沒有勞苦的；別人勞苦，你們享受他們所勞苦的。」（約4:35-38）祂知道當聖靈沛降在門徒們身上時，祂撒種所長的莊稼就要被收割了。數千人會在一日之內悔改。{MTC 195.1}

基督當時對門徒們說的這些話，也同樣是對我們說的。時光正在流逝，主號召在祂各方工作戰線上的工人要舉目觀看，看到所有的園地都已經成熟可以收割了。……{MTC 195.2}

我們在各城中工作的工人應該仔細閱讀〈希伯來書〉第十章和第十一章，並將這兩章中所含的指示用在自己身上。第十一章乃是忠義之人經驗的記錄。那些在各城中為上帝工作的人，必須本著信心前進，盡力而為。當他們警醒、作工、祈禱時，上帝就會垂聽和祈允他們的請求。他們就會獲得一種在後來的工作中，對他們來說無價的經驗。「信就是所望之事的實底，是未見之事的確據。」（來11:1）——《太平洋聯合會記錄》1902年10月23日 {MTC 195.3}

國家圖書館出版品預行編目資料

論城市佈道 / 懷愛倫 著；李少波, 吳滌申 譯 --
初版. -- 臺北市：時兆出版社, 2020.12
面；公分
譯自：Ministry to the cities
ISBN 978-986-6314-96-4(平裝)
1.教牧學 2.教會
245.1   109018541

論城市佈道

MINISTRY
To The
CITIES

作　　者	懷愛倫
譯　　者	李少波、吳滌申
董 事 長	金時英
發 行 人	周英弼
出 版 者	時兆出版社
客服專線	0800-777-798
電　　話	886-2-27726420
傳　　真	886-2-27401448
地　　址	台北市105松山區八德路2段410巷5弄1號2樓
網　　址	http://www.stpa.org
電　　郵	service@stpa.org
審　　編	林思慧
封面設計	時兆設計中心
美術編輯	時兆設計中心
出版授權	華安聯合會Chinese Union Mission
商業書店	總經銷 聯合發行股份有限公司 TEL.886-2-2917-8022
基督教書房	總經銷 TEL.0800-777-798
網路商店	http://store.pchome.com.tw/stpa
I S B N	978-986-6314-96-4
定　　價	新台幣200元
出版日期	2020年12月 初版1刷